家庭是人生的第一个课堂，父母是孩子的第一任老师。广大家庭都要重言传、重身教，教知识、育品德，身体力行、耳濡目染，帮助孩子扣好人生的第一粒扣子，迈好人生的第一个台阶。

——摘自习近平总书记在第一届全国文明家庭表彰大会上的讲话

2岁孩子的发展手册

2岁父母的成长手册

中国"家庭·家教·家风"教育丛书

2岁孩子 2岁父母

2~3岁

北京师范大学家庭教育课题组◎著

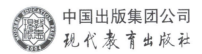
中国出版集团公司
现代教育出版社

图书在版编目（CIP）数据

2 岁孩子　2 岁父母 / 北京师范大学家庭教育课题组著 . -- 北京：

现代教育出版社，2017.4（2017.10 重印）（中国"家庭·家教·家风"教育丛书）

ISBN 978-7-5106-5035-2

Ⅰ . ① 2… Ⅱ . ①北… Ⅲ . ①婴幼儿 – 家庭教育 Ⅳ . ① G781

中国版本图书馆 CIP 数据核字（2017）第 048091 号

2 岁孩子　2 岁父母（2～3 岁）

作　　者	北京师范大学家庭教育课题组
出 品 人	陈　琦
总 策 划	李　静
责任编辑	赵延芹　张一莹
封面设计	赵歆宇
出版发行	现代教育出版社
地　　址	北京市朝阳区安华里 504 号 E 座
邮　　编	100011
电　　话	010-64246373(编辑部) 010-64256130(发行部)
传　　真	010-64251256
印　　刷	北京佳信达欣艺术印刷有限公司
开　　本	889mm × 1194mm　1/16
印　　张	16
字　　数	200 千字
版　　次	2017 年 4 月第 1 版
印　　次	2017 年 10 月第 4 次印刷
书　　号	ISBN 978-7-5106-5035-2
定　　价	39.00 元

专家推荐序

家庭　家教　家风

　　家庭教育，即"人之初"的教育，是儿童接受教育的重要途径，是实现他们社会化的必由之路，在儿童形成良好的思想品德和行为习惯方面起着"形塑"的作用，在培养儿童的社会适应性方面发挥着决定性的作用。因此，家庭教育历来受到人们的高度重视。

　　当前，市场经济的发展，不仅对家庭教育产生了巨大的影响，而且也对其提出了新的要求，于是家庭教育中出现了许多前所未有的新情况、新问题和新课题。长期以来，家庭教育的思想观念和方式方法几乎都是从父辈的"武器库"里继承而来。在过去，这种做法尚行得通。在社会急剧变革的今天，社会生活发生了深刻的变化，如果还全盘照抄传统的家庭教育的思想和模式，恐怕就行不通了。父母们受"望子成龙"的心态所驱，对子女的期望过高，急于求成，往往被子女教育中的诸多问题困扰。不少家长反映：老方法不灵，新方法不明。在教育子女的过程中束手无策，一筹莫展，迫切希望得到有效的指导。

　　广大家长急需理论和实践指导的需求无形中造就了巨大的市场。有些从未从事过任何教育实践、根本不懂得家庭教育理论的"门外汉"，用商人的眼光发现了家庭教育这个潜力巨大的市场，便趋之若鹜，纷纷投身到这个行当中来，通过商业的"炒作"和媒体的"忽悠"，摇身成为"家庭教育专家"，或是洋洋洒洒地做家庭教育指导，或是像"籴丸子"一样著书立说。如今，市场上家庭教育指导方面的书籍琳琅满目、五花八门。但真正有价值的家庭教育著作却凤毛麟角。那些家庭教育科学普及的图书，绝大多数是"急就篇""拼凑篇""绝招篇""经验篇"，在科学性和实用性上存在严重问题，给许多家长造成思想混乱，令人担忧。基于此，许多家长希望有人编写真正科学、系统的家庭教育读物，以正视听，以便把家庭教育建立在科学的基础之上。

当今时代，人们的心态比较浮躁。这种心态同样也反映在家庭教育的理论研究和实践指导上。许多理论工作者和实践指导者缺乏"板凳甘坐十年冷"的精神，急于出成果，见经济效益，结果在汹涌澎湃的市场经济大潮中失去了自我、迷失了方向。他们不是在理论研究上下"真功夫"和"苦功夫"，而是把功夫都用在了"商业炒作"和"创品牌"上；不是把社会效益放在首位，而是看重经济效益。

令人高兴的是，还有一批具有高度责任感、拥有真才实学的学者，没有辜负社会和万千家长的热切期望。他们深入实际调查研究，沉下心来认真钻研家庭教育的理论问题，探索家庭教育的规律，尽自己所能，为发展和繁荣我国的家庭教育事业奉献一份力量。以尚立富为首的北京师范大学家庭教育课题组，以"从夫妻、家庭、社会多元视角，探索中国本土家庭教育模式"为宗旨，以"引导父母学会观察、理解不同年龄段孩子身心发展规律的知识、现象及技巧，同步提升为人父母的能力与技巧，与孩子同步发展"为目的，研发了中国"家庭·家教·家风"教育丛书。我很高兴看到他们能根据家长和社会的需求研发这样一套作品。

　　该丛书依托于儿童教育学、儿童心理学和社会学的学科知识，提点出不同场域中成人对孩子的影响，将家风建设很好地融合在整套书中，从孩子、夫妻、家庭和社会这四个维度探讨父母对孩子的教育。它不是单纯的说教，也不是与大家分享借鉴性不大的个人育儿经验，而是系统地提出了一种全新的育儿理念。我相信，在多学科理论知识和多维度基础上编写的这套丛书，一定会对家长们有所启发。

　　特此推荐，是为序。

赵忠心

中国教育学会家庭教育专业委员会名誉理事长

中国家庭教育学会原副会长

2017 年 3 月 20 日

前　言

不误会孩子　不误导父母

　　《2014 中国城乡家庭教育现状白皮书》对 10.83 万名中小学生、幼儿园幼儿及家长进行了问卷调查。数据显示，不知道教育方法的家长占 37.82%，没时间教育孩子的家长占 26.19%。超过一半的家长表示，当孩子出现问题时，希望能得到专业帮助，并且有 81.4% 的家长认为家庭教育有很多学问，需要学习和培训。然而，目前社会能提供给家长系统学习家庭教育理念及方法的渠道还不足以满足家长的现实需求。其中，家长通过书籍学习的占 30.53%，自己摸索的占 21.85%，朋友交流的占 18.01%，从媒体获取知识的占 13.16%，从家长会渠道获取的占 12.71%。调查显示，89.09% 的家长已经意识到孩子身上表现出的问题源于家庭教育。

　　当今，我们为什么需要高质量的家庭教育？而且这件事又显得那么急迫？每个家长提起孩子都或多或少显得无奈和手无举措，到底是哪里出了问题？

　　教育源于家庭，在我国传统的社会家庭中，父母的教养更多的是告诉孩子做人必须坚守的道理和原则，并为孩子提供一些物质方面的供给。那时的社会环境和家庭条件给了孩子很大的发展空间，孩子的很多意识习惯、行为规范都是在父母的言传身教，以及与兄弟姐妹、亲戚朋友、左邻右舍之间的游戏、交往和日常生活中完成的，逐渐长成为有着自己的兴趣和爱好、有着自己坚持的生活态度和原则、也有着自己引以为豪的进步和成就的社会人。

如今，中国社会仍处于转型期，人口流动量大，城镇化快速发展，独生子女的一代逐渐成了新一代的人父人母，这让存在于生活中的真实的朋友圈越来越狭窄，每个小家庭关上了门就"与世隔绝"。这给新一代的年轻父母在教养子女方面带来了很大的困惑，他们认为"生存就必须具有强大的竞争力，所以孩子就应该从小教育，而且越小投资对孩子未来发展越好……"。

于是，胎教、早教、兴趣班、艺术教育、外语教育等各种为孩子未来投资的活动开始了，父母害怕在竞争激烈的今天自己的孩子输在起跑线上，"义无反顾"地替孩子做主，让孩子从小走进技能和知识的世界，满心欢喜地为他们关闭了意识态度、行为习惯养成的大门。然而，仅存下来的对孩子社会适应能力的说教，远不够帮助他们处理好各种社交问题。育儿问题带来的焦虑更让家长们深陷亲子关系、夫妻关系及隔代关系的矛盾中，结果则是传统的社会人伦关系被抛弃，最终让我们生活在无序的生活中。

无序的生活又怎能熏陶和培育出一个有序的孩子？我们到底应该怎样做，才能客观地认识孩子发展的科学规律，发现并给予他们最好的引导，创建积极、稳定、有序的家庭环境，让孩子更好地去适应未来的生活？

基于我们国家的家庭教育的现状，这套丛书从四个维度进行了研究和梳理：

第一部分：儿童。帮助父母了解儿童在不同年龄阶段的发展特点和规律，减轻不必要的育儿焦虑，不再被孩子出现的问题所迷惑。

第二部分：父母。帮助父母了解不同年龄阶段儿童的教养原则，掌握儿童发展的各个关键期及关键引导方法，梳理家庭教育的热点、难点问题，帮助家长成为有辨别力的教养行家。

第三部分：家庭。帮助家长重新认识家庭的教育力量及意义，正确处理家庭中的夫妻、亲子、同胞及隔代关系，营造积极、有序、适宜的家庭物质环境及心理环境，让儿童在良好的家庭文化中健康成长。

第四部分：社会。帮助家长正确认识儿童社会化发展的意义及规律，掌握在日常生活中提升儿童社会适应力的途径及方法，敏锐发掘并合理利用社会资源，让孩子在游戏和同伴交往中习得社会规范，成为一个自信、懂事、善良、被大家喜欢的孩子，为儿童逐步适应社会生活奠定基础。

本套丛书是为广大家长朋友提供的一套依据儿童发展特点制订的家庭教育指南，有以下几个特点：

1. **多学科的知识性、科学性和全面性：**客观、科学、全面地从生理、心理、家庭、社会等多学科的角度来解读儿童成长的特点。

2. **以人为本，坚持儿童发展的原则：**以儿童的自身发展需要为前提，兼顾社会要求，从儿童的现实生活和成长需要出发，解决儿童成长过程中可能出现的各种发展性问题。同时，注重儿童能力的培养，如生活自理能力、动手能力、反思能力、人际交往能力、良好行为习惯和良好性格的培养等。

3. **教育理念及方法的先进性：**将我国传统的家教文化和西方开放的教育理念相结合，注重儿童主动性和创造力培养的同时，将孝心、感恩等优秀的家教门风渗透到日常生活的教养之中。将儿童发展的重要性与父母成长的必要性相结合，帮助家长树立正确的儿童观、家庭观和发展观，成为更加优秀的自己，真正减轻家长的育儿焦虑。

4. **通俗易懂的可操作性：**化理论知识为育儿常识，说出父母心中的真实所感、所想、所惑，并用简单易懂的语言讲述最有效、最便捷的教育建议及方法。

随着儿童年龄的不断增长，《N 岁孩子　N 岁父母》（0～6 岁）这套书，希望可以伴随新一代的年轻父母，不断学习、观察、发现、理解儿童成长的一点一滴。与此同时，也希望可以伴随着父母们在一点一滴中同步提升自己为人父母的能力与技巧，成为与孩子同步发展进步的爸爸妈妈。

我们一直坚持着这样的理念开发了本套丛书：（1）不误会孩子：爱 TA，就要理解 TA；（2）不误导父母：爱 TA，就要帮助 TA。通过这套丛书，我们希望不仅可以帮助父母们获得家庭教育的相关知识，更希望经过多年的共同努力、共同成长，探索出适用于我国本土经验的，具有实践指导意义的家庭教育指导手册。

北京师范大学家庭教育课题组

2017.3.10

注：北京师范大学家庭教育课题组，是以儿童心理学、教育学、家庭教育学、社会学等多领域的跨学科理论为指导，以当前中国家庭教育的相关政策及实际问题为指向，致力于中国本土化的家庭教育研究，服务于家教体系完善、家教实践指导及家教政策倡导的专业研究团队。

尚立富博士，北京师范大学家庭教育课题组发起人，中国公益教育研究所所长。1998 年至今，关注并从事西部农村教育、公益教育等领域研究近 20 年，著有纪实报告《苦乐之旅》《行走西部》《隐痛与希望》等，主编教材《小学公益教育实践教程（1 ~ 6 年级）》。

本课题组联系方式：jiatingjiaoyu@bnu.edu.cn。

1～3 岁孩子发展的关键特征

年龄	领域		
	身体和动作	认知和语言	社会性和情绪
1岁至2岁	• 身高和体重增长很快，但比婴儿期要慢 **大动作** • 走路越来越稳 • 经常站不稳 • 爬到家具上 • 蹲下来捡东西 • 开始摇摇摆摆地跑步 • 扶着爬楼梯，一次一阶 • 可以玩骑行的玩具，但要把脚蹬在地面上	• 在成人示范下可以模仿一些简单动作 • 通过感觉试误解决问题 • 在故事书中指出物体 • 执行包含一步的指令 • 模仿曾见过的行为 • 15个月时掌握4～5个词，18个月15～20个词，24个月200个词 • 会用两个词的词组，24个月能用简单的句子	• 对熟悉的养育者形成很强的依恋，并与他们保持肢体亲密接触 • 继续把主要依恋对象作为基地，但也愿意出去探险 • 喜欢独自游戏 • 在其他人旁边玩（平行游戏） • 用名字称呼自己 • 理解个人所有权："我的"

（续）

年龄	领域		
	身体和动作	认知和语言	社会性和情绪
1 岁 至 2 岁	**精细动作** ○ 从容器中取放小物体 ○ 涂写、涂画 ○ 翻书，同时翻几页 ○ 可以用手或用勺子自己吃饭 ○ 能搭2～3块积木	○ 用泛化的词（如把所有饮料都叫作牛奶） ○ 在熟悉的故事中填词	○ 能试着安慰处于痛苦中的人，拥抱、拍拍或拿一个喜欢的玩具给他们
2 岁 至 3 岁	**大动作** ○ 能踮着脚尖走路 ○ 跑步时前倾 ○ 踢比较大的球 ○ 爬 ○ 双手掷球 ○ 跳 ○ 开始蹬三轮车	○ 在一幅画中识别出多个物体 ○ 从许多物体中挑出目标物 ○ 开始理解时间和空间概念的某些方面（如公园很近，我们明天去公园）	○ 喜欢在其他孩子旁边玩，仔细观察其他儿童 ○ 做一些动作来诱发他人的反应（如从成人身边跑开，吸引他们玩追逐游戏） ○ 坚持独立做一些事

（续）

年龄	领域		
	身体和动作	认知和语言	社会性和情绪
2 岁 至 3 岁	**精细动作** ● 表现出左手/右手优势，但还不稳定 ● 搭 6 块以上积木 ● 穿大珠子 ● 用刀叉 ● 用拇指和食指握笔画画 ● 用剪刀剪东西	● 用过度泛化的概念（如把所有动物都叫作狗） ● 匹配有相似特征的物体 ● 在假装游戏中用一个物体代替另一个（如用积木代替电话） ● 电报语言（如爸爸 – 再 – 见） ● 唱出熟悉歌曲的一部分 ● 理解介词（在上方、在上面、在后面）和代词（我的、他的、你的） ● 会用 3 ～ 5 个词的短句 ● 用疑问词（谁、什么、为什么） ● 识别并重复简单韵律 ● 认识并命名几种颜色	● 知道自己是男孩还是女孩 ● 玩简单的角色扮演游戏（如假装开车去商店） ● 愿意和特定的儿童做朋友

目 录

第一部分
读懂你的 2 岁孩子 /01

第 1 章　别小看我的能量 /03
——2 岁孩子的身体与运动发展

□ 会跑、会跳、还让抱：运动特
点（一）/03
□ "动"是每天的常态：运动特
点（二）/05
□ 小小孩的大手笔：精细动作 /08
□ 不是捣乱，是好奇：行为特征 /10
□ 让我自己来：自理能力 /12
□ 我就是小辛巴：模仿能力 /14

第 2 章　给大家一点小惊讶 /17
——2 岁孩子的认知与能力发展

□ 给你讲个故事吧：语言能力 /17
□ 父母读，孩子听：阅读能力 /20
□ 从涂鸦开始：早期绘画能力 /22

□ 给斑马唱歌：音乐能力 /24
□ 幻想与现实：时空与数概念 /26
□ 用行动解决问题：思维能力 /28

第 3 章　按自己的方式做事 /31
——2 岁孩子的情绪与个性发展

□ 妈妈别走开：独立性与安全感 /31
□ 喜怒无常很正常：情绪特征 /33
□ 因为分离，所以焦虑：分离焦虑 /35
□ 可爱胜过可怕：独立意识 /37

第 4 章　用身体语言社交 /41
——2 岁孩子的社会性发展

□ 真正社交的萌芽期：同伴关系 /41
□ 男孩 OR 女孩：性别意识 /43

□ 只有感觉，没有是非：道德意识/44　　　　□ 言与行不一致：道德行为 /46

第二部分
做智慧的" 2 岁"父母 /49

第1章　孩子 2 岁了, 你准备好了吗? /51
——接纳自己的不完美

　□ 你是哪种类型的父母：不完美
　　的父母 /51
　□ 爱也需要原则：育儿的 N 个原则/58
　□ 从养到教的挑战：育儿难点 /66
　□ 重新和孩子成长一次：家庭教
　　育的哲学境界 /69

第 2 章　每一个关口都很重要 /75
——关键期的关键帮助

　□ 依恋关键期的帮助：高质量的
　　陪伴 /75

　□ 艺术敏感期的帮助：帮孩子遇
　　见最美的自己 /81
　□ 语言敏感期的帮助：给孩子最
　　适宜的读物 /87
　□ 自我意识关键期的帮助：帮执
　　拗的孩子体验快乐 /93

第3章　2 岁孩子真的让人"头大"? /99
——2 岁孩子的教养难题

　□ 当遭遇这些"没有"：如何对
　　待 2 岁孩子的认知 /99
　□ 极具"破坏力"的背后：如何
　　对待孩子的探索 /106

□ 哭闹都是无厘头吗：如何分辨　　　　　□ 该不该让孩子接受早教？/123

　　情绪 /112　　　　　　　　　　　　　　□ 2 岁入托到底好不好？/127

第 4 章　父母育儿的交锋问题 /117

——育儿困惑

　　□ 要不要让孩子背诵经典？/117

第三部分

创建充满魅力的"2 岁"家庭 /129

第 1 章　2 岁孩子生命起航的加油　　　　第 2 章　在和谐的交响曲中起舞 /147

　　站 /131　　　　　　　　　　　　　　　　□ 融洽的夫妻关系是孩子起航时

　　□ 家庭是什么 /131　　　　　　　　　　　　的灯塔 /147

　　□ 家庭要坚守的重要原则 /139　　　　　□ 良好的亲子关系犹如绚丽的阳

　　□ 恢复家庭本来的功能 /144　　　　　　　　光 /152

　　　　　　　　　　　　　　　　　　　　□ 让隔代抚养走向和谐 /158

　　　　　　　　　　　　　　　　　　　　□ 学会爱是一生的财富 /163

第3章 让家永存于心 /173

☐ 为孩子创设游戏的家庭环境/173
☐ 为孩子创设劳动的家庭环境/177
☐ 为孩子创设艺术的家庭环境/180
☐ 为孩子创设积极的语言环境/182

第4章 感受家庭的真正魅力 /185

☐ 家庭正在丢失什么？/185
☐ 家庭到底丢失了什么？/189

第四部分
走进 2 岁孩子的世界 /193

第1章 你的孩子其实不是你的 /195

☐ 2 岁孩子的人生世界/195
☐ 孩子，你慢慢来/200
☐ 开启孩子社会化认知的钥匙/201

第2章 给予孩子什么 /205

☐ 培养小小的"社会人"/205
☐ 培养孩子的公共素养/211

第3章 无形的东西更重要 /217

☐ 不要让物质和媒介包围孩子/217
☐ 不要让孩子从小无所适从/221

附 录 /225
后 记 /229

第一部分
读懂你的 2 岁孩子

第1章　别小看我的能量
——2 岁孩子的身体与运动发展

第2章　给大家一点小惊讶
——2 岁孩子的认知与能力发展

第3章　按自己的方式做事
——2 岁孩子的情绪与个性发展

第4章　用身体语言社交
——2 岁孩子的社会性发展

2岁被认为是既可怕又可爱的年龄。

　　2岁的孩子开始说"不"，喜欢用行动代替大脑，基本上是用身体来解决问题。

　　他们对外界的兴趣和探索能力与日俱增；对事物有了初步的理解力；视觉感受能力的增强使他们进入到艺术启蒙的关键期。

　　与此同时，由于自我意识的发展进入实质阶段，他们的情绪通常不被成人理解，执拗和叛逆同等强大。

第 1 章

别小看我的能量

——2 岁孩子的身体与运动发展

2 岁的孩子，运动能力极大增强，运动驾驭能力大幅度提高，身体变得灵活自如。骨骼和肌肉的生长以及大脑的发育，使他们开始逐渐脱离父母的看护，进入到在看护人的视线内游戏玩耍的阶段。因为独立性的增强，2 岁孩子有意识的探索行为更强烈，他们带着无比的好奇心和探索力，走向外部世界。

会跑、会跳、还让抱：运动特点（一）

丰富而有趣的身体信号

很多父母面对已经行走自如的 2 岁孩子，脑海里可能还会经常浮现出他们蹒跚学步时的样子，不免心生感慨……那个曾依偎在自己怀里的婴儿如今已经令人放心地行走在各处了，虽然看上去，他的样子依然憨态可掬，但是他在某些方面已经走向独立。就运动能力而言，从还不能控制自己身体的 1 岁到基本可以控制身体的 2 岁，是一个巨大的飞跃！

Tips

孩子丰富而有趣的身体信号，在2岁这一年里不断增强，这主要体现在大肌肉运动能力和精细动作能力以及日常生活行为能力上。

他们的大运动能力及类型大幅度提高，平衡能力出现，手脚开始同时工作。他们不仅会跑、会跳、会攀爬，还能跨过障碍物，喜欢大运动量的活动和游戏。他们足部的运动力也越来越强，如踢球、单腿跳、脚尖站立、独自上下楼梯、骑小三轮车等。

虽然已经拥有较强的运动能力，但是2岁孩子也只能在父母或其他看护者的视线之内活动才可以确保安全。尽管这些能力已经可以使2岁的孩子完全地运动起来，但是他们的体力毕竟有限。很多父母都有这样的感慨，孩子明明会走了可还是不愿意好好走路，动辄要求父母抱。于是很多父母都拗不过孩子的乞求或者撒娇的目光，外出活动时，要么抱着走不动的孩子，要么抱着熟睡的孩子，累得腰酸背痛。

玩耍时的他们看似脱离了父母的怀抱，但是因为他们非常淘气、好动，所以家长在看护他们的时候，比抱在怀里时需要更加注意他们的安全，尤其在公共场所游戏的时候，要时刻提醒他们，既不要碰伤了别人，也要当心不要被别人无意识地撞到，这对于运动中的2岁孩子来说，的确有点儿难度。

"动"是每天的常态：运动特点（二）

2 岁孩子的运动能力

喜欢跑跑跳跳，在运动或游戏中消耗体力，是 2 岁孩子运动的普遍特征。尽管孩子的性格有动静之别，但要让一个 2 岁的孩子安静地待着不动，几乎是不可能的。这是因为 2 岁的孩子已经具备了大肌肉运动能力。

比如，在儿童公共游乐场，2 岁的孩子已经能够灵活地攀爬，爬有高度的架子、在运动器械上爬上爬下、喜欢从滑梯的下面往上爬；若是在家中，几乎所有的家具都是他们玩耍的对象，爬沙发、爬椅子、把床当蹦蹦床、上下楼梯，均不需要父母或其他看护者的帮助。

游戏垫几乎是 2 岁孩子家庭的必备品，每个孩子都不会拒绝在游戏垫上的运动、嬉戏、翻滚、跳跃，折腾起来精力无穷。在这样的运动中，孩子的协调能力、身体平衡能力以及自信心都可以得到很大提升，不知不觉中，他们的运动能力便会突飞猛进。2 岁时，有的孩子已经能从高处往下跳，有的孩子已经会简单的立定跳远和单腿跳，表现出较强的运动能力。

表1：　2～3岁孩子的运动能力简表

25 月龄	○ 独自跑，双脚跳需人辅助，会骑三轮车
26 月龄	● 能跨越障碍物
27 月龄	○ 走步快慢自如，单脚跳 1～2 次
28 月龄	● 能单脚站立，但不稳当
29 月龄	○ 单脚能站稳
30 月龄	● 双脚跳不需要帮助，能从 25 厘米的高处跳下

注：本表改编自《郑玉巧育儿经》，郑玉巧著，21 世纪出版社，2013 年。

　　从表中可以看出，2 岁孩子的运动能力发展是循序渐进的，能力的大小和孩子的营养、运动习惯都有一定的关系，运动量大的孩子，其身体协调能力以及自信心的水平也越高。

日渐丰富的运动技能

　　从 2 岁到 3 岁，随着身体的发育，孩子的运动能力大幅度增强，快跑、攀爬、熟练地骑三轮车和滑板车已经不在话下。有的孩子由于爱好某一运动，比如滑板车，天长日久，他们对滑板车的驾驭简直是无师自通，飞鹰式、蹲式、速滑，他们小小的身躯看上去那么矫健，对身体的控制能力运用自如。有时，家长在一旁看得会心惊肉跳，但是他们常常可以化险为夷，这种运动能力在男孩身上表现得尤为突出。

多数的 2 岁孩子行走自如且可以负重走路，能跨越障碍物，有目的地踢球。没有孩子不喜欢到户外运动，越是空旷的场地，他们奔跑起来越是开心，无论是孩子之间的追逐打闹，还是亲子之间的嬉戏，都会使 2 岁的孩子快乐不已。运动之后，孩子的食欲会比较好，饭量也会随着运动量的增加而增大，尤其是在阳光下奔跑过后。

孩子在户外活动时，会表现出一定的喜好。比如，有的孩子特别喜欢走有坡度的路，上坡和下坡对他们特别有吸引力。一旦发现有这样的路段，他们就会兴奋不已，可能当时他们还赖在父母的怀里，但是这样的发现会使他们立刻下地奔向坡路，欢快雀跃起来。有的孩子喜欢走有弯度的路，有的则喜欢从台阶上跳上跳下，有的会去挑战自己还无法驾驭的运动器械。这种看似没有特殊意义的"选择"其实是孩子与大自然或特定环境之间的有趣互动，反映出孩子一定的观察力和他们最初的趣味。在这个过程中，孩子幼小的心灵不断成长。

总之，2 岁的孩童，无论在家里还是在户外，喜欢"动"是他们最大的特点，运动带给他们无限的乐趣。无论是一辆滑板车，还是一个能动的"坐骑"，都能让他们玩得乐不知返。他们因此变得朝气蓬勃，好像永远不知疲倦。

小小孩的大手笔：精细动作

灵巧的小手"本领大"

如果说大肌肉运动能力体现的是孩子身体的发展，那么手部的精细动作则在很大程度上体现了大脑的发育，这是因为灵活精细的手部动作会很好地刺激 2 岁孩子的大脑。

2 岁时，多数孩子基本上会握笔，会翻书，会用剪刀，会玩黏土、泥巴、沙子，会搭积木，会玩简单的拼图游戏和益智玩具，他们已经具备精细动作能力。在开始尝试这些精细动作的时候，他们的握笔姿势基本不正确，大多数是满把抓；对剪刀的运用也不能自如，顶多能剪一两下。但是玩黏土、泥巴和沙子时却不需要成人教，他们通常会捏玩半天软软的黏土或泥巴并乐此不疲，似乎是在感受这些东西特有的质感。

在有沙子的地方就一定有孩子的身影。2 岁的孩子玩起沙子来特别专注，他们通常喜欢把沙子用小铲子铲到小桶里，然后又从桶里把沙子盛出来，如此机械的动作，反反复复，不知疲倦。冬天的时候，铲雪的游戏也是他们的最爱，拎一只小桶，拿一把小铲，像铲沙子一样，把雪铲进小桶，玩起来就是没个够。

2 岁的孩子对积木的搭建还处在初级阶段，他们还没有建立起空间和立体的概念，搭建的时候比较随意，缺乏一定的想象力。有时候他们更喜欢把积木推倒，体验"破坏"的快感。至于拼图游戏和拼插玩具，2 岁的孩子刚接触时还不知道如何玩，但是很快他们就能领悟，不用多久，他们就变得熟练无比，可以很快地把简单的拼图完整地拼起来，个别孩子还能拼完整的中国地图。

"升级版"的灵巧小手

2 岁半左右，孩子的手变得更加灵巧，他们能用笔画出直线，喜欢自由地涂鸦。他们涂鸦的时候，海阔天空，无拘无束，最初的想象力就是这样通过涂鸦的方式得以锻炼。尽管他们的"画作"在成人眼里有点难以理解，但是其中潜藏着的智慧和能量却不容小觑。再大一点，他们使用剪刀的能力有了较大提高，能沿着线剪纸，有的孩子还能剪出不同形状。

接近 3 岁时，孩子手部的精细动作能力再一次提高，这明显地表现在搭积木方面。孩子对搭建积木有了自己的想法，会搭建出造型，而不是简单地堆积。有的孩子还能用橡皮泥玩过家家的游戏。除了涂鸦，孩子开始用简单的线条"表达"想法，他们会画一些没有规则的线条，但这些看似杂乱无章的线条其实体现了他们的想法或看到的事物。这期间，他们开始建立对色彩的概念，能分清至少 2～5 种颜色；他们不仅能识别颜色，而且还能说出自己喜欢的颜色。

不是捣乱，是好奇：行为特征

Tips

2 岁的孩子由于好奇，喜欢做父母的"小帮手"。在这一过程中，虽然会给父母制造麻烦，也会存在不安全因素，但这都不是捣乱，让孩子多参与，对孩子的发展大有裨益。

因为好奇，所以参与

2 岁的孩子已经有了一定的动手能力，能将物品简单归类；对物体的量有了简单的认识；对几何图形也能基本区分，认识方形、圆形和三角形；有了大和小的概念。因此，他们对很多事情都跃跃欲试，尽管他们不一定能够做好。

比如，他们会抢着挤牙膏，结果把牙膏挤出一大堆；想自己洗脸，但因为还不会拧干毛巾，结果弄了一身水；想自己抹护肤品，结果把脸涂得像个小花猫……有时，他们还会抢着帮爸爸妈妈做事，比如扫地、擦桌子等。做这些事情的时候，他们几乎都是在帮倒忙，因为他们的体力和经验很有限。最后的结果是，时间拖延很长，还得由爸爸妈妈来"善后"。即便如此，他们还是非常乐于帮家长做事。

很多孩子由于在生活环境里经常接触电子产品，也会对此发生很大的兴趣。他们会自己放碟片，会使用电视机的遥控器，会玩手机和 iPad。在操作这些电子产品时，他们往往显示出超越年龄的机灵。在此我们不讨论电子产品对孩子的负面影响，只是把电子产品视为"玩具"，来描述 2 岁孩子的操作行为的表现。

由于多数孩子已经能将物品进行分类，因此他们有时会主动收拾玩具，或用生活中的物品开展游戏。比如，用小手绢当小被子，盖在玩具娃娃身上；把废纸箱当成一个小家，坐在里面玩过家家游戏。他们对生活物品的喜欢和摆弄有时会超过某些成品玩具。

以上的描述是 2 岁孩子在成长中的必经过程，因为他们处在积极参与却不能完美行事的状态中，但是参与往往带给他们无穷的乐趣，使他们在动手的过程中渐渐学会了做事的正确方法。这个过程虽然令某些父母难以招架，因为孩子在参与时的破坏作用有时很大，不安全的因素也会很多；但是对孩子来说，越是带有刺激性的尝试，越能使他们获得乐趣。

让我自己来：自理能力

2 岁孩子能做哪些事情？

2 岁的孩子虽然在很多方面还需要父母的照顾，但是在实际生活中，如果你仔细观察一下自己的 2 岁宝宝，就会感受到他的自理能力与日俱增，每天都处在变化中的孩子实在令人惊喜！也许昨天他还需要在父母的帮助下才能把小手洗干净，今天他就可以自己使用洗手液或香皂把小手洗净，而且还知道在抹香皂的时候把水龙头关掉。

很多 2 岁的孩子已经会自己洗手、洗脸、穿衣、穿鞋、系纽扣、脱袜子。虽然有的孩子在这些行为上还需要成人帮助，但随着年龄的增长，他们做这些事情的动作会越来越熟练、越来越到位。他们会乐于自己动手，虽然有时动作会很慢：一颗扣子要系半天；裤子的拉链怎么也拉不上去；分不清衣服的正反；会把两条腿穿进一只裤管；暂时分不清袜跟和脚后跟的关系。但是这些都不会妨碍他们继续做好这些事情的热情。

有的 2 岁孩子表现出很强的自理能力，自己能洗澡，当然洗头还需要父母帮忙才行。自己会开门、关门，有的还尝试用钥匙开锁。很多 2 岁的孩子已经会独立用勺吃饭，不会把饭食撒在桌上；也有的孩子开始尝试用筷子，尽管可能是满把抓，但也能够把食物送进嘴里；有的孩子能够端起杯子喝水。大多数孩子已经能做到白天控制大小便，但这一点在晚上他们还不能很好控制。

表 2：　2 ～ 3 岁孩子的自理能力简表

2 岁	用布或海绵擦干溅出物
2 岁	无需帮助独自脱掉无扣的衣服
2 岁	移动把手拉门或推门
2 岁半	洗手并擦干手
2 岁半	无人监管的情况下独自在房间行走
2 岁半	在浴盆中自己洗澡，或需少量帮助

　　注：此表摘自《一周又一周——儿童发展记录》（第三版），人民教育出版社，[美]芭芭拉·安·尼尔森著，叶平枝、孟亭含等译，2011 年。

我就是小辛巴：模仿能力

与生俱来的模仿能力

模仿力是儿童与生俱来的一种能力，2 岁的孩子具有突出的模仿能力，他们通过耳听眼看，几乎能把每天获取的信息加以筛选，然后无意识地用自己的行为或语言模仿出来。

经常会有这样的现象，孩子突然喜欢做一种动作或表情，原来是他们看了某部动画片，在模仿自己喜欢的角色的缘故。

2 岁的西西最近特别喜欢挠人，尤其在和爸爸一起玩耍的时候，冷不丁会挠一下爸爸，有时不小心还会在爸爸脸上留下抓痕。这是因为西西最近看了动画片《狮子王》，他还不能够分辨狮子们之间的打斗是出于什么动机以及可能带来的后果，只是记住了里面的动作，就开始模仿起来。

模仿是 2 岁孩子生活的一部分，是一种积极的能力发展。对 2 岁的孩子而言，模仿的内容与性别关系不大，凡是生活中看到的或是通过视听获取的内容，都有可能被孩子模仿。

Tips

模仿是有趣的，是孩子对天性的释放，几乎不存在不会模仿的 2 岁孩子。每天都会有大量的信息进入到他们的大脑，刺激着他们的感官发展，他们同样也会把自己获取的信息回馈出来。

2 岁多的囡囡说要去探险，就是因为读了"巧虎系列"中有关探险的故事；因为读了《老虎怕柿子》的故事，她就模仿里面的妈妈，在伙伴哭时，假装拿起一个柿子让同伴别哭了。

孩子有模仿正确行为的能力，同样也会模仿错误的行为，这对于 2 岁多的孩子而言是正常现象，因为他们缺乏是非判断能力。当他们通过模仿无意识地获取了某种能力时，很可能在一段时间里得以持续，也可能很快遗忘。

父母随笔

第 *2* 章

给大家一点小惊讶

——2 岁孩子的认知与能力发展

千万别小看 2 岁的孩子，他们的小脑袋里蕴藏着我们成人不可知的能量。只要稍微留意一下他们的感知觉、注意力、记忆力、想象力和思维能力的表现，你就会发现，他们不可小视！如果留心记录一下他们的语言发展情况，仔细观察一下他们的早期阅读涂鸦，以及对音乐的敏感，你一定会惊叹不已！

给你讲个故事吧：语言能力

"突飞猛进"的语言表达能力

2 岁的孩子第一次编故事，只有三句话：有一天，在梦的花园里，看母鸡下蛋。从婴儿期的牙牙学语到 2 岁时的语言爆发，你会觉得，眼前这个小小的孩童，因为会表达自己了——哪怕是简单的两个字——一切都因此变得更加有趣！有时，你会因为孩子说的一句话捧腹大笑；有时，又会因为他们的自言自语而觉得新奇无比。无论他们在说什么，是否清楚地表达了自己，从此，他们和这个世界的联系，以及和周围的一切人和事的联系，都将变得紧密无间。他们用语言表达出的，是对一切的最初认识；而这种认识，因为单纯而更显美妙！他们的语言，无论如何，都是那么地富有魅力！

表3： 2～3 岁孩子语言能力简表

2 岁	能说简单句，语句完整，如"妈妈热"。能听懂指令，如"不要动"。词汇量不断增加，每天都有新词蹦出
	词汇量达 200～300 个，半数孩子能使用 3～5 字组成的句子表达意思
	会说"我"并懂得含义，能叫出熟悉朋友的名字
	能用语言拒绝别人的要求，如"我不要"
	能用语言表达情感，能编最简单的故事
2 岁半	能和父母简单对话，能回答陌生人的简单问题，有时喜欢自言自语
	平均每月增长 200 个左右的词汇量，能掌握 100～200 个口头语
	能使用介词，里面、上面、下面、外面，开始使用形容词
3 岁	词汇量达到约 1000 个，形容词、副词、代词能部分运用
	发音清楚，能说出 5 个字组成的句子
	能说出自己的姓名、年龄以及父母的名字
	理解方位和人称代词，能说复合句

注：本表改编自《郑玉巧育儿经》，郑玉巧著，21 世纪出版社，2013 年。

从这份语言能力简表可以看出，2 岁孩子的语言能力已经取得了令人惊喜的巨大进步。2 岁之初，他们往往就能用简单的语言清楚地表达自己的想法和情感：如"妈妈抱抱、想爸爸"；再如"热，有汗，洗澡澡"。

2 岁半左右，孩子的语言能力获得再一次提升，他们大多能说完整的句子，比如，"妈妈，我爱你！"看到自然界的变化，也会有自己的反应。例如，有的孩子在春天里看到花开，会很兴奋地说："看！绿的叶，黄的花，真好看！"他们有时还会说出"没有必要"这样成熟的语言。

小小"故事家"

2 岁的孩子已经初步具备了口头编故事的能力。有些孩子在 2 ～ 3 岁这一年里，能创编十几个故事，大都是口头即兴表达，故事从简单到复杂，语言从三五句到十多句不等，每个故事都不一样，有的来源于孩子们自己的生活，有的展示了孩子们的想象力，下面看两例 2 岁孩子自编的故事。

故事一

有一天，在梦的花园里，有一只大怪兽要吃不睡觉的西西，"啊呜"一口，西西被吃下去了，西西说不要不要，大怪兽就把西西又吐了出来。

故事二

有一天,在梦的花园里,有个小姐姐要去西便门,坐姑奶奶的车。堵车了,有一些花瓣和死虫虫在车玻璃上。车开了,花落了,死虫虫也落了。

在 2 ～ 3 岁这个阶段,孩子的语言能力突飞猛进,首先是词汇量的增大,他们每天都能掌握新词,到 3 岁时词汇量可达到 1000 个左右。名词和动词是他们最容易掌握的;同时,抽象的形容词、副词和代词也在飞速积累。他们能使用基本的语法结构,喜欢自言自语,能编简单的故事,和成人之间的交流也越来越通畅。他们的记忆力在这个阶段也进入了一个黄金期,很多 2 岁的孩子有较强的记忆力,能背诵少量诗歌,会唱简单的歌曲。

父母读,孩子听:阅读能力

听故事的乐趣

有教育学家认为,对幼小的儿童来说,只要是与阅读活动有关的行为,都可以视为阅读。在孩子还不具备识字能力的前提下,以家长为主导，家长读，孩子听，这样的阅读可以从婴儿期就开始。多数 2～3 岁的孩子，已经能在父母的陪伴下阅读绘本，已经能"听懂"很多故事。看动画片，听有声读物，观看演出，这些都是他们特有的"阅读"方式。

他们的"阅读"能力在不断地看与听中逐步提高，日积月累。2 岁的孩子已经会自己翻书，能在家长的帮助下看懂适合他们年龄段的绘本和图书，有的孩子还能读出他看过的每本书的书名。他们对于自己喜欢的故事，会要求父母一遍又一遍朗读，不厌其烦；其实故事的内容，对他们来讲，早已烂熟于心。

有意思的角色扮演

2 岁的孩子很愿意进行角色扮演，把书中的故事借助简单的道具演绎出来。2 岁多的囡囡就经常和妈妈一起"表演"绘本里的故事，从最简单的故事《把尿尿》《路德医生》，到有情节的《老虎怕柿子》以及情节复杂的《木偶奇遇记》。准备道具和背台词对 2 岁多的囡囡来说，每次都是愉快的体验。

《把尿尿》是一个惟妙惟肖的绘画故事，画面中只有一个在把尿尿的小女孩，她扮演一位妈妈，来体验给小孩把尿的乐趣。囡囡学着故事里小女孩的样子，拿一个玩具娃娃做道具，就能流畅地表现整个过程。《路德医生》讲述的是一个医生帮助各种动物看病的故事，医生没有台词，只需要用简单的动作给动物们看病。囡囡特别乐于扮演《老虎怕柿子》中的妈妈，以及被迫给偷牛贼堵树洞的胖兔子。故事结束的时候，老虎带着受伤的胖兔子离开了，囡囡会认真地补充说，他们到森林公园南门去了。

一般来讲，男孩和女孩在阅读时的状态存在很大差异：小女孩比较专注，她们能安静地坐在那里，听完整的故事；男孩的专注力稍微弱一些，比较爱动，不能专心阅读。

无论是什么样的状态，有多少个夜晚，很多孩子都是伴随故事进入梦乡的。从 2 岁起甚至更早，对故事的聆听可能会伴随孩子整个童年，这在 3 岁以后更是变成一种常态，对故事的迷恋奠定了他们日后阅读的基础。

从涂鸦开始：早期绘画能力

每个孩子都是涂鸦高手

2 岁的孩子在拿笔开始画画的这段时期，通常被称作"涂鸦期"。几乎每个孩子都具备涂鸦的能力，这并不需要后天过多的学习，是自然天成的。他们能用各种不同的绘画工具，如蜡笔、铅笔，甚至是树枝，在不同的材料上——纸张、墙壁、地板——随心所欲地涂画。在这个过程中，孩子获得了很大的满足感和成就感。

这个时期的涂鸦，是孩子早期绘画的开始，只要给他们一张纸和一支笔，这个奇妙的过程就开始了！他们运用的线条杂乱，有时是单一的线，有时又是各种线条的混搭，没有规律也没有章法，但是涂鸦的作用却不容忽视。他们看上去是那么专注而耐心，对自己正在做的事情充满了热情。如果家长因为害怕弄脏了墙壁而阻止他们乱画，恐怕会遭到他们强烈的抗议。

図図是在一家儿童活动中心偶然拿起了笔开始涂鸦的，从此就开始了她的"涂鸦之旅"。在 2 岁的这一年里，她几乎每个星期都坚持去儿童活动中心，在一张大纸上"涂鸦"，线条从简单到复杂，图像从简单的抽象到有意义的抽象。她越来越清楚自己画的是什么：有时是狮子，有时是大象，有时是雪花，有时是爸爸。尽管都是抽象的，但从构图和色彩上看，図図的涂鸦每次都有很大的进步。

涂鸦使得図図提前进入到了绘画的"形象期"。不到 3 岁时，有一天，她在家里的小画板上画了一幅《蜗牛图》。五只形象各异的大小蜗牛在草地上爬着，每只蜗牛都有逼真的触角，草地旁边，是一条宽阔的大河。図図说，这是她在楼下观察蜗牛后画出来的。

　　无意识的涂鸦会逐渐变成更加有形的图像，尽管 2 岁的孩子是用简单的线条来表现，但他们的进步非常迅猛，为他们进入绘画的第三个阶段——前图式奠定了良好的基础。从涂鸦开始的绘画使 2 岁的孩子不断展现隐藏在他们身上的巨大潜力。

给斑马唱歌：音乐能力

在节奏面前跃跃欲试

　　受父母意识和社会环境的影响，现在大多数的孩子对音乐的接触和认知都开始得比较早，有的孩子在胎儿期就和母亲一起听胎教音乐了。孩子在 2 岁前，对各种声音、音乐以及节奏已经开始探索了，这得益于现在很多玩具都具备了音乐性功能。

　　2 岁的孩子通常对音乐的节奏都很敏感，他们会随着节拍不自觉地开始扭动身体，很少孩子听到音乐会无动于衷，那种自得其乐的样子实在是可爱至极！他们大都对节奏感强的音乐表示出强烈的兴趣，因而会在满是中老年人跳舞的广场驻足不前，模仿着他们跳舞的动作。

快乐地歌唱

2 岁多的孩子对朗朗上口的儿歌充满兴趣，学起来也非常快。他们已经能部分或全部地唱完一首歌，但是对歌词含义的理解有限，只是把歌词当成一种声音来重复。发音错误时常出现，对音准和音调把握起来也有一定的困难，但是这些都不妨碍他们快乐地唱歌。他们有时还经常自编歌曲，但是成人几乎很难听出他们在唱什么。例如，2 岁多的囡囡去动物园看见了斑马，于是就坐在自己的童车里冲斑马唱起歌来，问她唱的是什么，她自己也不知道，只是高兴地说："我在给斑马唱歌呢。"

接近 3 岁时，很多孩子开始初步理解音乐所表达的情绪和情感，甚至问父母有关某段音乐的含义。比如，他们会问："什么是摇篮曲？"有的孩子听完一首摇篮曲后高兴地对妈妈说："真好听！以后你能每天都给我唱吗？我也会给你唱。"他们真的就模仿妈妈给他们唱摇篮曲的样子，一边轻轻拍着妈妈一边唱——"睡吧，睡吧，我亲爱的宝贝，妈妈的双手轻轻摇着你，摇篮摇你快快安睡，夜已安静，被里多温暖……"

幻想与现实：时空与数概念

2 岁孩子没有数概念

认知能力体现了孩子心智的发展。2 岁的孩子处在一个从懵懂到逐步理解事物的过程中，他们在认知方面突出的特征就是不能区分幻想和现实。世界在他们的心中是浑然一体的，时空和数概念对于刚 2 岁的孩子而言都是不存在的。

年、月、日与星期，昨天、今天和明天，不会出现在 2 岁孩子的词汇里。他们还不能理解时间的概念，不明白一个小时与几分钟的区别，昼夜与季节等词语也不会出现在他们最初使用的词汇里。因此，他们经常会混淆时间概念，甚至把未来的时间理解为此刻。比如，他们有时会说："我下午看动画片了吗？"而其实他们说这话的时候是在上午。

2 岁以后，孩子的词汇里才开始出现空间概念，他们对周围环境也开始有了具体的认识。2 岁的孩子数数不会超过 3。到了 3 岁，他们开始逐渐理解数的概念，但还不能理解简单的数理逻辑，也不会主动运算。

不能区分幻想与现实

　　2 岁的孩子经常把心里的幻想当成现实。德国有个童话故事《糖果屋》，讲述的是一对被继母遗弃的兄妹如何从离家很远的森林里走出去，并战胜了要吃掉他们的坏巫婆，最终回到家中与父亲团聚的故事。2 岁多的孩子通常听完这个故事，会认定故事中的坏巫婆就在他们家的窗外，随时都有可能诱惑他去糖果屋，最终吃掉他，因为在 2 岁孩子的心里，幻想就等同于现实。

　　一个快 3 岁的孩子由于经常听到"雾霾"这个词，知道雾霾就是有毒的空气后，会拿起他的玩具小电话说："喂，天气预报吗？我们家现在有雾霾，你快来把它赶走吧！"这就是孩子可爱的童稚，他把天气预报幻想成一个可以驱散雾霾的大力士，并且付诸打电话这样的行动。诸如此类的行为在 2 岁孩子的世界里比比皆是，他们的小脑袋里充满了成人无法预知的奇思妙想，让我们感到那样有趣、那样神奇！

用行动解决问题：思维能力

看似任性的背后

爸爸出差了，需要过一段时间才能回家。习惯于爸爸给冲奶的佳佳希望早晨起床后，还是由爸爸来冲奶。无论妈妈怎么解释爸爸现在不在家，无法给他冲奶，2 岁的佳佳都不能理解。

这个年龄段的孩子还不能通过思考来解决问题，只能靠行动。比如，他们不能理解有雾霾就不能出门这样的因果关系，因而行为受挫时做出的最直接的反应可能就是哭闹。

用身体或行动解决一切问题，是这个年龄段的孩子的显著特征，也是对他们重要的心理敏感期的反映。2 岁的莎莎不能理解在阳光下自己的影子为什么始终跟着她，以为是一个"鬼怪"在缠着她，于是害怕地大声哭泣，并极力想躲避这个可怕的影子，但是却怎么也躲避不开。快满 3 岁的阳阳有一个刚出生不久的小妹妹，他抱着妹妹玩《摇煤球》的游戏，随着儿歌的指令，他真的把妹妹从怀里像扔煤球一样扔了出去，幸亏惊恐万分的妈妈把妹妹接住了。2 ～ 3 岁的孩子还不能进行因果思考——妹妹是不能摔的。

父母经常会遇到这样的事情：劳累了一天，睡前需要给孩子讲故事，一遍不行再来一遍，如果告诉他们你累了，他们很难理解劳累意味着什么，所以只会做出最本能的反应——不高兴或哭泣；同样，有时父母们即使腰酸背疼，但 2 岁左右的孩子依然会要求父母抱自己，如果不抱，他们肯定要大哭抗议。

有时候孩子们在一起玩玩具，一个孩子的玩具被另一个孩子抢走，这个"抢"的举动就是他们在用行动来解决问题，因为 2 岁左右的孩子还没有能力去思考他抢走别人的东西是不对的，他的举动会让对方不高兴。有的孩子看到自己的东西被抢走，他的行动可能更直接，要么抢回自己的东西，要么反击对方。

不会"思考"的孩子让我们从另一个侧面看到了 2 岁孩子特有的率真。尽管有时候做父母的会觉得自己的孩子如此地让人头疼，但是我们绝不能够把他们用行动解决问题的这种方式简单地理解为任性，这或许只是一个暂时阶段而已。

父母随笔

2～3岁是孩子情绪发展最不稳定的一年，而情绪的起伏不定意味着他们的自我意识发展进入实质性阶段，最显著的特征就是他们学会了使用人称代词"你""我""他"，喜欢按自己的方式做事。对父母而言，他们遭遇到的逆反和对抗也是前所未有的。但究其实质，这些都与2岁孩子的情绪发展有关，是正常的过渡，而非问题和麻烦。

第 3 章

按自己的方式做事

——2 岁孩子的情绪与个性发展

妈妈别走开：独立性与安全感

同时存在的两种状态：独立与依赖

2 岁的孩子已经有了较大的独立性，虽然大部分时间还需要成人的照料，但是他们已经能在父母或看护者的视线之内，自己玩玩具、翻书、看动画片，以及暂时无需父母陪伴也能与小伙伴一起做游戏或者独自玩耍，显示出较强的独立意识。这是他们学会走路之后又一次质的飞跃，他们能把依恋对象当成探索的安全基地，也越来越能忍受与父母的分离；对以前畏惧的陌生人也不感到那么畏惧了；父母经常能感觉到孩子与自己的分离焦虑在逐渐减弱。

与此同时，2～3 岁这个时期又是孩子与父母的依恋关系形成的关键期，孩子对父母的依赖仍然强烈地存在着。比如，夜晚他们需要妈妈的陪伴才能安然入睡；外出时尤其是在人多嘈杂的环境里，他们会紧紧抓住爸爸妈妈的衣襟；有的孩子在陌生的环境里会格外依恋父母，要求他们抱，以获得足够的安全感；有的孩子遇到陌生人会表现出强烈的警惕性，希望得到父母的保护。

独立性的发展与渴求安全感是 2 岁孩子的鲜明特点，而这个年龄段的孩子与父母形成的依恋关系会影响孩子的一生，甚至会决定孩子日后与他人的关系以及对世界的看法。如果在 0～3 岁时得到了父母的悉心呵护，长大成人后的他们对别人的信任程度和友善度会很高，世界观、人生观和价值观也会比较积极；反之，如果在这个阶段没有得到父母尤其是母亲的照顾与呵护，或者生活在一个不尽如人意的环境里，孩子的人格形成可能会受到很大的负面影响。

安全型的依恋关系表现在孩子对妈妈的离开有足够的心理准备，知道妈妈会回来，所以当妈妈离开时，尽管他也会很难过，但是一旦看到妈妈回来，他立刻会变得非常开心。因此，培养安全型的依恋关系在孩子 2 岁时非常重要，因为这对孩子一生的影响是巨大的。

喜怒无常很正常：情绪特征

"好"情绪与"坏"情绪

2 岁孩子的情绪非常容易波动，也许上一分钟还在开心地大笑，突然碰到什么事情，比如玩具被抢走，自己想做的事情没有做成，想要的东西没有得到父母的允许，看护人的突然离开等，都会使他们的情绪急转直下，或者哭闹，或者发脾气。容易发脾气，行为与情感自相矛盾，这是 2 岁孩子的显著情绪特点。

2 岁的孩子逐渐能够产生尴尬、羞愧、内疚、嫉妒、骄傲的情绪，喜欢被赞扬和自我肯定。如果他们得到了父母和长辈的夸赞，会非常得意甚至有点小小的骄傲；当感到自己的行为在父母的眼里是出格的，他们会感到羞愧。他们已经会察言观色，越来越多地关注父母的情感，还能感受到不同人情绪的差别，但不能很好地用语言表达出来。

父母从孩子身上很容易感受到正面的和负面的情绪，正面的情绪源于孩子的快乐。2 岁的孩子一般在睡眠充足、营养良好、照料悉心的环境里，身心都会健康而快乐地发展。但是，这并不意味着孩子就能自

Tips

科学研究表明，大脑皮质抑制机能是实施情绪调控的生理前提，受大脑发育的制约，儿童在 3 岁前，尚未具备控制自己情绪的能力，因此他们表现出喜怒哀乐极为正常。

觉地远离负面的情绪，并且可以控制负面情绪，他们还远远没有达到这一程度。

负面情绪的产生有时是由于孩子有了独立性之后，希望自己决定自己的事情所致。比如，吃了一块巧克力之后还想要第二块；已经到了睡觉的时间还要继续玩；在公交车上坚决不让成人扶。当结果事与愿违，当他们的努力受挫，他们就会很容易产生负面情绪，加上语言系统还没有完全建立起来，他们无法用语言表达受挫的感觉，于是就会感到沮丧和愤怒。这个时候，原本可爱的"小天使"会突然变成令人头疼的"小魔头"。

2 岁孩子的情绪已经发展到一定水平，他们有时会与一起玩耍的小朋友发生冲突，但是这种冲突不会导致他们之间的友谊发生真正意义上的破裂。不用多久，他们的情绪就会调整过来，和好如初。2 岁的孩子也已经学会在最亲近的人面前释放情绪，这是很多父母们都能感受到的一点。比如，孩子一整天都和爷爷奶奶在一起，晚上突然见到爸爸妈妈，就开始撒娇、提要求，甚至无端地闹情绪，这就是俗话所说的"见娘愁"。2 岁的孩子在自己的意识里已经清楚谁是可以满足他们的要求、让他们释放情绪的第一人。因此，在其他看护者与父母面前，他们的表现会有很大差别。

因为分离，所以焦虑：分离焦虑

分离焦虑，绕不过的心理阶段

2 岁的孩子大部分时间还需要看护者的照料，从起居饮食到外出活动都离不开成人的帮助。随着心理的不断发展，他们逐渐能和父母或看护者形成合作，如穿衣、刷牙、洗脸，在进行这些事项时基本能配合，知道父母需要什么、有什么愿望和情感需求，并与之互动。虽然有时他们也不太听指挥，但长此以往与看护者形成的关系却牢固不破，他们知道父母是最爱自己的人，因此对父母特别是母亲的依恋是最深的。他们有时会和父母说："你不要离开我。"如果父母外出时间长了没有回家，2 岁的孩子会表现出很大的不安，直到父母出现，他们的心里才会重获安全感。

时间过得很快，一转眼，孩子就要上幼儿园了。通常孩子入园的年龄都在 3 岁，但是越来越多的家长由于工作原因或没有其他人帮助看护孩子，往往会让孩子在 2 岁或 2 岁多时进入到幼儿园的托班——白天完全脱离父母的一种新环境。2 ～ 3 岁的孩子，由于要进入到新的环境中去生活，不得已要离开已经与之建立了社会性情感连接最亲近的人。

由于孩子对依恋对象非常敏感，一旦分离，就会产生焦虑的情绪，这种情绪在孩子入园时最为常见，这也是孩子在成长过程中一种正常的心理现象。

心理学研究表明，虽然孩子与父母之间分离焦虑的顶峰期是在 14 个月至 18 个月期间，然后其频率和强度都会逐渐下降。但是随着入园生活的到来，分离焦虑会再次不可避免地出现在孩子的生活里。此时，孩子的社会性情感已经开始建立，但是对于一直没有离开过最亲密的父母的 2 岁孩子来说，他们依然还生活在父母呵护中的世界里，他们所感受到的爱和舒心都来自于自己最亲近的人，他们的思维也依然以自我为中心。现在这个世界一下子被打破了，孩子还没有能力去思考和理解，也无法像成人一样控制自己的情绪。

全新的生活开始了，多数孩子在入园之初都会哭闹，一时适应不了幼儿园的生活，苦恼的心情、不稳定的情绪会持续一周或更长，有的孩子还会因为心情紧张而突然发烧。过了这一段时间，大多数孩子都会逐渐适应新环境里的生活，但是在适应过程中也会出现反复，直到不适应彻底结束，真正融入幼儿园的生活中，与老师亲近，与小朋友友好相处。当然，也不排除他们在经历一两次长假后再入园时引起新的不适应。

分离焦虑不只是对两三岁孩子的考验，也是对父母的考验，对亲子关系的考验。看着那个小小的身影走进幼儿园，开始独立地生活，独自处理与小朋友之间的关系和问题，父母们当然会感慨不已！有一天，当分离焦虑终于减轻，对孩子和父母来说，都是不小的成长。

可爱胜过可怕：独立意识

人生第一个叛逆期

孩子进入 2 岁以后，很多父母都有这样的感叹，孩子没有小时候听话了，不再是抱在怀里给他喂什么就吃什么、带他去任何地方都几乎没有意见的小家伙了，现在刚 2 岁，就不好管了。被称为人生三个叛逆期的第一个叛逆期，就出现在 2 ～ 3 岁，人称"宝宝叛逆期"。这时孩子的情绪表现为以自我为中心，行为夸张，以对抗为快乐，喜欢说"不"。这是因为孩子的独立意识开始萌发，想按照自己的方式和意愿做事。比如，妈妈早上着急送孩子入园，眼看就要到点了，可是孩子就是赖在床上不起来，结果当然是迟到了。最后，妈妈与幼儿园老师达成默契，如果孩子下次还赖床，就不给他留早餐，让他明白磨蹭的后果是什么。这种处理方式是否可取先不谈，但这种现象至少典型地反映出孩子的叛逆行为。有趣的是，孩子不光和大人对着干，还喜欢和自己对着干。例如，受好奇心驱使，他想去动电插板，虽然知道它的危险性，可他就是想去动。

由于有了自我意识和权利意识，他们开始坚持自己的意见，反抗父母的意志，经常出现的情况就是，父母越不让干的事情他们越要干。比如，天已经晚了，该回家了，爸爸妈妈要带他回家，可是他偏要在外面玩；在商店里看到想要的玩具，如果父母不允许买，他们就会发脾气或哭闹。

功能探索期

2岁孩子的执拗是因为孩子对物质的探索进入了功能探索时期，由此而导致的一系列心理变化，特别容易被成人理解为不听话。在2岁的孩子眼里，他们目之所及的物品或是自然界的景象，几乎都是新鲜无比的。他们会拿着一件不是玩具的东西玩半天；他们会蹲在地上盯着一群搬家的蚂蚁看半天；他们会对一片树叶和一根树枝充满好奇。因为在孩子的眼里，很多东西都是第一次看到，而这些东西在成人眼里早已是司空见惯。

为了弄清物质与人的关系，2岁的孩子热衷于去实践物质被自己利用。比如，有的孩子对钥匙和锁表现出浓厚的兴趣，喜欢用钥匙鼓捣抽屉和柜子的锁；有的孩子在洗澡时对浴液和香皂发生兴趣，会把香皂长时间泡在水里，看看会有什么变化；在电子产品风靡的当代，孩子也很容易对手机和电脑发生兴趣，两三岁的孩子玩起手机的灵敏程度丝毫不亚于成人。

孩子在对物质进行探索时，潜在的危险性无时不在，无处不在。比如，手机屏幕对孩子视力的伤害；对物的无意识破坏也可能随时发生。于是在要做什么和不被允许做什么的过程中，孩子和父母之间的冲突便产生了。这个时候，对一个 2 岁的孩子讲道理是行不通的。因为执拗而让父母感到头疼和无奈的事情，几乎每天都会发生，但究其本质，这些执拗都可以归因于儿童发展的规律。在 2 岁这个年龄，有这样的执拗表现，是孩子可爱的一面，是其发展必经的阶段，而不应被视为可怕。

此外，和执拗并行的秩序感也是很多 2 岁孩子表现出的显著特征。秩序感是从孩子出生后三四个月就开始拥有的，一直持续到 2 岁半左右的第一个敏感期。比如，早上起床后为他们冲奶的人是爸爸，他们就认定要爸爸来冲奶，如果这个人换了，他们就会不接受；他们发现你衣服上的拉链没拉上，不管是什么情况，他们都要让你拉上；他们经常做的事情突然换别人做了，他们也会生气和哭闹。在他们眼里，已经建立起来的秩序不容被破坏。

因为叛逆和执拗，2 岁的孩子在成长过程中不可避免地给自己带来了烦恼。著名儿童教育专家李跃儿认为，对于这些烦恼，成人一定要予以理解。当孩子内在的秩序不被成人理解的时候，他们会非常烦恼；当孩子想达到的目标没有达到时，他们会非常生气；当孩子在与成人互动不被理解时，他们会感觉到痛苦；当外在的发展环境不能满足孩子的要求时，他们会感到无聊、迷茫和压抑。

2岁的孩子开始从家庭走向周围的世界，无论是与邻家的同伴还是偶遇的玩伴相处，都是他们通往社交的开始。于是，在2岁孩子的脸上，我们看到了社会性的微笑，他们进入了身体语言的社交期。但是他们仍然以自我为中心，喜欢同伴，但持续时间不长。他们在熟悉的环境里能自在地游戏，对于熟悉的环境和事物表现出固守式的喜爱。

第 *4* 章

用身体语言社交

——2岁孩子的社会性发展

真正社交的萌芽期：同伴关系

无同伴也默契

2岁的孩子在一起玩时，彼此之间的关系出现了很大的变化，之前他们与同伴的关系比较简单，除了对视、模仿以及简单的语言交流外，不能形成人际关系。步入2岁后，虽然他们仍然是以自我为中心，但因为所用的玩具和游戏方式很相近，他们能够知道彼此的存在，能注意到同伴的感受，共情能力开始发展。

有一点特别值得父母注意，他们虽然在一起玩，但

Tips

没有玩伴的 2 岁
孩子看上去好像
缺少点什么，但
是他们在一起时
那种微妙的关系
却是这个年龄段
的孩子所特有的。

很少交流，也无意支配别人的活动，不会做任何计划，他们不关心对方在做什么，只一心做自己的事情。通常的情况是，他们不能自发地产生分享的行为，但在一起玩时可以听懂指令与简单的规则，喜欢玩互动性游戏。这些都是 2 岁孩子同伴交往的正常现象，是这一阶段独有的特点。从客观上讲，2 岁的孩子基本上没有固定的朋友。

2 岁的孩子在跟比自己大的孩子一起玩时，有特别大的跟随性，他们乐于跟在大孩子后面，对人家的指令比较听从。例如，一个 4 岁的孩子初次与一个 2 岁多的孩子见面，大孩子发现小孩子还要妈妈抱，马上说："你为什么还要让人抱？你看我就是自己走。"小孩子虽然没说什么，但是记住了大孩子的话。走在路上，大孩子开始有意识地唱在幼儿园学的一首歌，歌词大意是：小鸟自己飞，小鱼自己游，我是一个好孩子，不让妈妈抱。没想到，这首歌对小孩子的影响居然很大，小孩子很快不让妈妈抱了。后来这个孩子还在另外的场合把这首歌唱给了自己的表姐听，因为当时这个小表姐困了，要让爸爸抱。

因为还没有形成同伴关系，在一起玩的 2 岁孩子，注意的焦点大多在玩具上。因而他们极力保护自己的玩具，不让别人碰。例如，2 岁多的秋秋就是这样，她面对初次来访的一个小姐姐，极不愿意分享玩具。这个小姐姐也很生气，大声地对她说："我告诉你，你要是这样，以后就没有朋友！"秋秋只是似懂非懂地听着，但没有做出一点改变。

有时候，当自己的玩具被抢走时，2 岁的孩子就会去抢别人的玩具，因此他们的冲突经常会发生在对玩具的抢夺中。即使到了 2 岁半左右，为争夺东西而动手的情况依然时有发生。

男孩 OR 女孩：性别意识

原来我是女（男）孩

——"我要看爸爸洗澡。"

——"不行！"

——"为什么不行？"

——"因为你是女孩。"

这样的一问一答被强化后，2 岁的孩子会逐步知道自己是女孩还是男孩，性别意识开始萌芽，类似的问题在生活中依然会继续。

在儿童游泳馆里，囡囡无意中看见了一个在洗澡的小男孩，这是她第一次看见光屁股的小男孩。当时，她虽然没有表现出惊讶，但是她清楚了男孩和自己长的不一样，"我看见了，他长了一个小鸟鸟"，这是 2 岁多的囡囡第一次描述小男孩。

性别认同就这样在懵懂中形成了。一般 2 ～ 3 岁的孩子，在区分性别时，更多地依据男女的服饰、发型、外貌等，即性别角色刻板印象，这些印象有助于他们识别性别差异。然而，2 ～ 3 岁的孩子还不能从本质来区别性别差异。

他们对自己身体的好奇心也逐渐增强。例如，如果是女孩，她会好奇地问为什么她的小点点（乳房）和妈妈的不一样。如果是男孩，他会问为什么他是站着尿嘘嘘。随着年龄的增长，他们对性别的探究将继续深入。

只有感觉，没有是非：道德意识

好人与坏人

2 ～ 3 岁的孩子已经产生了简单的道德感，这表现在他们会问"这是好人还是坏人"这类的问题。有个孩了看了动画片《狮了王》后说了这样的话："刀疤不是一个好叔叔，他是一个坏人，他没有扶木法沙。"

2 岁孩子的道德认知多半是在成人的道德认知基础上建立起来的。在生活中，成人对孩子的行为常常会做出评价，当他们做对事情的时候，如他们主动与同伴分享食物和玩具，会得到成人的肯定；当他们做错事情的时候，如他们抢别人玩具或者动手打人的时候，又会受到成人的批评。因此，他们对成人等权威人物制定的规则往往容易遵守，而对其他人如同伴确定的规则未必能够服从。

2 岁的孩子还处在道德的无律阶段，他们不知道为什么有些事情能做，有些事则不能做。2 岁的西西和奶奶、妈妈一起乘坐地铁，上车后有人给他们让了座，西西坐下后第一反应是让妈妈坐在自己身边而非奶奶，妈妈对他说："妈妈可以不坐，但是奶奶必须坐，这是原则。"西西当然不懂什么是原则，就是非要让妈妈坐。回家后，在妈妈的耐心引导和教育下，西西开始似懂非懂地领悟"尊老爱幼"这个词，并且表示以后在地铁里也要给别人让座。

要让一个 2 岁左右的孩子真正领悟"尊老爱幼"，并且做到言行一致是很困难的。他们还不能把自己与外界区分开来，他们的道德表现更多地取决于成人的规则和意识，因为没有自主的分辨能力，他们就无法建立起真实的道德意识。对他们来说，对与错都是一个抽象的词，成人喜欢说的"你错了没有"，在 2 岁孩子的认知里，几乎是没有意义的。

言与行不一致：道德行为

最初的自控力

一般 2 ～ 3 岁的孩子已经能较好地进行社会交往，尤其是在与自己同龄的孩子一起玩耍时，他们不会只顾自己，会与别人有一定的互动，比如把一本书或一个球递给同伴。但是这个年龄段的孩子还不能做到言行一致。通常，父母已经告诉他们抢别人的东西是不对的，他们似乎也听懂了，但就是不可能完全做到。受愿望和情绪的影响，他们很可能会再次做出"从一个正在玩的小孩手里抢玩具"这样的举动。

更多的时候，他们将认识付诸实践的控制力还很差。比如，他们已经知道不能吃太多巧克力或别的甜食，否则就会长蛀牙，但是他们很难抵御甜食的诱惑，还是忍不住在不该吃的时候提出吃的要求。他们在口头上很快答应的事情在实施时其实很难做到。

成人对孩子的行为一般都十分敏感，尤其是当孩子做出与成人的道德意识相差甚远的事情时，往往会比较紧张，喜欢立刻予以干涉。比如，在看到自己的孩子不懂得与人分享时，父母就会期望他尽早拥有这一美德。但是父母应该明白，孩子在 2 岁时，其自控力还较差，出现这些举动再正常不过，不必强硬地制止，而应耐心地引导。

共生的行为

如果我们把 2 岁孩子的道德行为归纳为亲社会行为和攻击性行为两大类，那么这两类行为在他们身上是并存的。关于亲社会行为，随着年龄的增长，2 岁孩子的同情心开始萌生，已经有移情或共情的情绪反应，开始产生对他人的安慰行为。例如，一个 2 岁的小女孩在滑滑梯时看到一个同伴摔倒了，摔倒的孩子当时吓坏了，立刻大哭起来，孩子的妈妈哄了半天都不行。这时，小女孩的爸爸拿出纸巾，递给那位妈妈。就在这时，小女孩也从爸爸手里又拿了一张纸巾，开始给小伙伴轻轻地擦眼泪，还用小手不停地轻拍那同伴的背以示安慰。从头至尾，两个同伴之间没有一句语言，有的只是共情的眼神和轻柔的动作，令人感动！

关于攻击性行为，即便是一个已经初步具备共情能力的 2 岁孩子，也同样会做出攻击性的行为。他们之所以做出这种行为主要是为了保护自己的物品，或者为了争夺属于自己的空间，这个时候，他们很少使用语言，而是直接地用身体表达自己的意愿。

有心理学家认为，攻击性行为是 2 岁孩子的本能；也有的人认为这一行为是孩子受外界刺激及模仿的结果，或是受大脑的协同功能发展程度、自我控制能力、社交能力等自身因素的影响。来自绝对权威和过度溺爱等家庭的孩子，更容易产生攻击性行为。

第二部分
做智慧的"2岁"父母

第1章　孩子2岁了，你准备好了吗?
　　——接纳自己的不完美

第2章　每一个关口都很重要
　　——关键期的关键帮助

第3章　2岁孩子真的让人"头大"?
　　——2岁孩子的教养难题

第4章　父母育儿的交锋问题
　　——育儿困惑

孩子2岁之前，看护者的责任重之又重，父母在喂养和看护孩子时需要注意的事项会时时小心，刻刻在意。

　　到了2岁，孩子各方面发展到了一个新的阶段，多数父母都有这样的感受：孩子没有小时候听话了，为人父母的困惑、苦恼甚至是"崩溃"也会相伴而生。

　　孩子2岁了，你准备好了吗？如果这是一道测试题，你会交上一份什么样的答卷呢？

第 *1* 章

孩子 2 岁了，你准备好了吗？

——接纳自己的不完美

你是哪种类型的父母：不完美的父母

身为父母不等于角色到位

经过两年的辛劳育儿，无论是自己亲力亲为，还是处在二线，很多父母的感受都比较复杂，身体的劳累只是一方面，心力的付出则是孩子出生前无法预想的。

很多妈妈们可以在怀孕之初天天不离书本，从书中吸收知识，为育儿做好准备。但是随着小生命的降生带来的育儿辛苦，以及产假休完后工作的繁忙，妈妈们未必能抽出很多时间来继续学习育儿知识，也很难做到像研究者那样潜心地研究孩子这样一个活生生的生命个体，从而对孩子的种种反应迅速做出正确回应。因此，对现实中的父母而言，我们并不是掌握了一定的育儿知识或是拥有多高的学历，就一定能把父母的角色扮演好。现实往往是，在育儿的过程中摸爬滚打，最后遭受打击和挫败的父母们比比皆是。

根源在哪里？有句话大家一定都不陌生，"没有有问题的孩子，只有有问题的父母"。这句话听上去打击面很大，很多父母都觉得自己冤，从孕育生命到抚养教育，哪一件事容易？父母对孩子的付出在哪一个家庭不是百分百？那么，问题究竟出在哪里？其实，问题在于父母们是否能正确地认识自己。我们是什么样的父母？我们成长的环境和背景是什么？我们的脾气秉性是怎样的？我们是否真的了解孩子成长的奥秘，是否真的理解和尊重孩子？我们给了孩子怎样的言传身教？

让我们先来看看现实中的父母都有哪些类型吧。如果我们给现实中的父母们"画像"，那么"画卷"应该是多姿多彩的：过分保护型、愧疚型、放养型、理智型……由于多数家庭都是妈妈身在育儿一线，因此我们下边的这些"画像"主要聚焦于妈妈。

过分保护型

过分保护型一般是全职妈妈们的特征。当然，并非所有的全职妈妈都是这样。这类妈妈因为拥有良好的家庭经济条件，可以全心全意地服务于孩子和家庭，对孩子的照料是全天候的。如果条件允许，他们还会和长辈或保姆一起照料孩子。

过分保护型的妈妈对孩子的吃穿用度、身体发育、伙伴关系等都小心翼翼，生怕孩子有一丝一毫的闪失。有这样的妈妈，孩子的饮食每天都会严格按营养食谱进行，而且食物的份量都有严格标准，多一点不行，少一点更不可以，孩子的奶粉必须从奶源最安全的国家购买。这类妈妈整天盯着孩子：孩子出门不能有任何磕碰；夏天外出要有严格防护，不能让蚊虫叮咬，防晒霜要用最好的；冬天出门不能受风；春天出门不能花粉过敏……

在过分保护型的妈妈中，有的已经达到了神经质的状态。孩子发烧、感冒、闹肚子，妈妈会寝食不安；孩子不舒服时闹脾气、哭泣，妈妈也会跟着哭泣；孩子在外面和同伴发生冲突，妈妈只能接受自己的孩子有攻击行为，却不能让别的孩子碰自己孩子一指头……过分保护型的妈妈似乎要把自己的孩子置于一个真空地带，她们不知道自己类似神经质的表现将会如何影响孩子的成长。孩子受到影响后的表现，一定会让她们日后变得更为敏感和脆弱。

这类妈妈还有一个特点，那就是要把自己认为最好的东西给予孩子。例如，奶粉、玩具、图书、食物、衣服、保健品、护肤品、洗浴用品，凡是孩子用的，她们一定选择自己认为最好的、最安全的。

这类妈妈极其关注各类育儿资讯，尤其推崇西方的育儿理念，吃什么、用什么、接受什么理念的早教，她们都能做到"门儿清"，显得格外的先锋。这类妈妈也容易陷入一个误区，那就是她们认为凡是西方的教育理念都是好的，运用起来也不假思索，知道一点皮毛就以为掌握了真谛。尤其在保护孩子天性和创造力这一点上，她们往往会矫枉过正。例如，微微的妈妈就是这样的，她主张保护孩子的天性，就把应该培养孩子的规矩规则意识丢在了一边，把孩子的任何举动都理解为天性使然，根本意识不到去制止孩子一些不良行为的必要性。

愧疚型

接下来，我们再来看看愧疚型的妈妈们。首先，这些妈妈们不是不想多陪伴孩子，而是客观条件不允许。通常，妈妈们休完国家规定的产假就得去上班了。在大城市，朝九晚五的节奏使妈妈们在出门时和回家后都不能亲近孩子，因为这个时间点孩子还未醒来或已经入睡了。终于熬到了双休日，可以全天陪孩子了，但是她们有时也无法保证这个时间是完全属于自己的。

有位妈妈，孩子出生后一直由婆婆帮忙照看，每个工作日她经常见不着孩子，逢休息日如果有点什么事情，陪伴孩子的时间真的少之又少。终于有一天，灾难性的事情发生了，她的孩子入园时被查出患有轻度的自闭症，被幼儿园拒收。这位妈妈面对孩子万分愧疚，婆婆那种"能不带孩子出门就不带孩子出门"的照看方式，从客观上成为孩子患病的一部分病因。后来，这位妈妈选择了辞职，全力以赴地帮助孩子康复。当然，这一案例只是个别情况，但它足以证明愧疚型妈妈的无奈。

上班族的妈妈们在我们的社会里占绝大多数，尤其是在大城市，生完孩子不久的妈妈们为了保住自己的工作岗位和收入不得不牺牲自己对孩子的照料和陪伴时间。把孩子交给长辈或保姆去看护，这对于想在家里带孩子却不能够做到的妈妈们来说，的确是一件非常揪心而无奈的事情。她们面对孩子常常怀有很深的愧疚感，偶尔也会把某种怨气撒在丈夫身上。

其中也不乏这样的妈妈们，在其内心深处，把孩子交给谁带都不放心，包括自己的长辈。由于不放心带来的育儿冲突暂且不说，这种对孩子陪伴的缺失不仅折磨着妈妈们，而且也会影响孩子的成长。

放养型

放养型妈妈一般分为两种：一种的确是因为忙于工作，根本无暇顾及孩子，就把孩子托付给最放心的人照看，可能是自己的父母，也有可能是自己完全放心的全职保姆。有位妈妈由于工作原因经常在国内外"飞来飞去"，大女儿去了寄宿学校，2 岁的小女儿就跟着亲戚生活，孩子把亲戚叫妈妈，见了自己叫妈咪。随着孩子成长的需要，这位妈妈意识到陪伴孩子比工作更重要，于是开始调整自己的工作节奏。

另外一种放养型妈妈在生孩子前就没有想好要一个孩子的目的，生育这件事情一完成，就好像和自己没有任何关系了。这种妈妈把孩子交给谁看都十分放心，自己虽然不是很忙，但是主要精力绝不放在孩子身上。

粉粉妈就是这样的放养型妈妈，生完孩子后的第一件重要的事情就是恢复身材，第一年练瑜伽，第二年练芭蕾，把自己的时间安排得满满的。孩子 2 岁以后会走路了，粉粉妈便把孩子放在自己父母家待半年，婆婆家养半年。偶尔有点空闲，就在手机上追剧，带孩子外出时也是漫不经心，注意力完全集中在手机上，惹得孩子忍不住问妈妈："你别玩手机，陪我玩一会儿，好吗？"有一次孩子高烧不退，住进了医院，孩子的姥姥竟然两天找不到粉粉妈，原来粉粉妈和朋友们去山区玩了，因而手机没有信号。

第二类放养型妈妈通常比较年轻，自己还没长大，不能意识到身为母亲的职责是什么。她们对孩子格外地粗枝大叶，认为孩子怎么养都能长大，而且 2 岁后送入幼儿园，孩子就会有人管了，因此自己完全可以放宽心。

在妈妈的前三幅"画像"里，我们几乎看不到爸爸们的影子，也就无从谈及父亲的影响力。的确，现在的很多家庭里都是妈妈说了算，妈妈主宰和决定着孩子的一切；而身为人父的爸爸们，他们的身影或者在忙碌的职场上，或者在必要不必要的应酬上。2岁孩子的爸爸们，虽然和自己的孩子有很多的情感交流，但他们的重心依然是在工作的打拼上而非在孩子身上。很多爸爸们有重要的理由：只有现在好好工作，才能为孩子积累更多日后他们所需要的物质资本。

理智型

最后一类是理智型的父母，现实生活中比较少见。他们首先是学习型的父母，对孩子的身心发育比较了解，从孕期到现在乃至未来，都做了详尽的思考和梳理。在现实生活中，他们能够关注到孩子在各个时期发展的不同，做好准备迎接孩子成长中的所有关键期。能在这样的前提和心态下去面对成长中的2岁孩子，他们自然就会非常从容。

爱也需要原则：育儿的 N 个原则

家庭教育需要有原则

在育儿的漫漫长路上，作为 2 岁孩子的父母，有没有必要坚持一套育儿原则？答案是肯定的。翻开中国现代儿童教育之父陈鹤琴先生所著的《家庭教育与父母教育》一书，他所倡导的 101 条家庭教育原则无不在提醒着父母们原则本身的重要性。这些原则涵盖了从教育方法到卫生习惯的养成、从孩子做游戏到待人接物的方方面面，在所有原则的背后，都有一个潜在的声音：你预备把孩子培养成什么样的人？

在制定相应的原则前，让我们再来回顾一下 2 岁孩子的发展特征和规律。我们不难发现，2 岁孩子的成长有其自身的规律，这是生命最自然的法则！当你发现，孩子的个头长高了，能说出完整的句子了，会涂鸦了，好奇心增强了，自我意识开始萌生了……作为父母，你会觉得万分的欣喜；但同时也因为孩子的成长，你的困惑由此产生：为什么不让他们干什么他们偏要干什么？为什么他们一会儿哭一会儿笑？为什么他们总是动手"打人"？为什么他们总是以自我为中心来思考问题和行事？

　　当这些"为什么"向我们悄然袭来时，作为父母，我们首先要做到的是接纳。这是我们制定家庭教育原则时非常重要的一点，一切都建立在接纳的基础之上。如果连接纳的意识都没有，我们就不会好好沿着孩子成长的自然轨迹继续探寻下去。

原则一：接纳

　　接纳首先是为人父母人格成熟的表现之一。回想在孕育生命之初，我们将会得到一个什么样的孩子是不得而知的，因此许多妈妈们在孕期中都会有不同程度的焦虑，生怕因为自己的粗心大意孕育出有缺陷的孩子而遭受终身痛苦。相信妈妈们谁都无法忘记，在经历了分娩的煎熬和苦痛后听到孩子发出的第一声啼哭和得到医生肯定评价后的激动心情。一个健康的婴儿带给全家的是什么，自不必说；退一万步说，如果当时我们得到了一个发育不全的孩子，或者过了一段时间才发现孩子有这样那样的"问题"，我们应该怎么办？

　　无条件地接纳一个生命，才算是真正的接纳。除了接纳孩子身体的健康程度，还要接纳孩子在一两年之后发展出的各种个体特征，包括心智、脾气、性格、能力等。因为不论他是一个聪明活泼、讨人喜欢的孩子，还是一个经常哭闹、脾气乖戾、令全家人崩溃的孩子，他都是独一无二的你的孩子。

接纳一个孩子的全部，不仅体现了父母人格的成熟，同时也体现了父母对孩子成长认知的理解。虽然这种理解需要后天的学习，但对于家长来说，真的是一件非常重要的事情。只有了解了孩子每个年龄段发展的轨迹和真相，才能做到真正接纳。比如，当你觉得孩子总是不愿把自己喜欢的东西与别人分享时，你会很容易把这种行为理解为自私，于是也就不愿接纳你认为孩子身上不好的行为，继而会对孩子进行批评教育。然而，你认为的不好背后，恰恰是孩子行为发展中的一个客观存在，即他的年龄特点使他还不能自发地产生分享的行为，因此，他的不分享并不等同于自私。

当我们接纳了孩子的每一种表现，再去认真探究时，几乎每一种让我们觉得不完美的表现后面都有一定的道理和客观性。如果作为父母的我们能先做到接纳，就不难实现家庭教育原则中第二个要点——尊重。

原则二：尊重

尊重孩子，在我们传统的养育方式中曾经是最为缺失的，很多人都能回想起动辄被父母打骂的经历。的确，很多父母只强调孩子对自己的尊重，却从未意识到也应该尊重孩子。

往往在父母还没有意识到时，2岁大的孩子就进入了人生的第一个叛逆期。这个现象的发生是因为孩子会走路以后，活动范围不断扩大，在外界事物的不断刺激下，孩子的好奇心得到激发。同时，由于和外部世界的接触，孩子的独立意识开始萌发，他想按照自己的方式和意愿做事，在这样的前提下，叛逆自然就开始了。而叛逆带来的执拗，正是令许多父母感到"恐怖"和"抓狂"的。

比如，你计划在假期带孩子出去旅行。当天晚上，你心里有一个时间表，希望一切按计划进行，你期望孩子洗完澡后就能上床准备睡觉，以便第二天能够早起。但情况偏偏就是，孩子洗澡时一看见水就兴奋，在浴缸里欢快地玩水，没有丝毫睡意，任凭你怎么着急，他都不肯出来，更别说按照你的时间表睡觉了。

通常遇到这种情况，父母们没有不头痛的，可是急和恼都解决不了问题。孩子对某种事物的痴迷，在心理学上被界定为"探索物质本质期"，孩子不仅对水，而且对很多看到的东西都很好奇，昆虫、沙土、泥巴……成人理解不了孩子们为什么对这些不起眼的东西有这么浓厚的兴趣。这样的情形出现后，父母们首先要做到的就是尊重孩子，而不是生硬地把孩子拽回到你的时间表里。尊重的前提当然是你要了解孩子在这个年龄段会出现叛逆、会非常执拗，然后你才可能做到不急不躁地处理问题，给予孩子适宜的引导，尽可能地把孩子引导回你的时间表中来。

尊重的背后，反映的是父母的涵养和解决问题的技巧。在这个过程中，善于引导的父母给了孩子很大的安全感，同时也保护了孩子对事物最初的好奇心，这对孩子日后兴趣的建立有着重要的作用。反之，不善于引导孩子的家长往往会用简单粗暴的方式解决问题，结果就是孩子更逆反，最后亲子双方两败俱伤。

教育家卢梭说过："要尊重儿童，不要急于对他做出或好或坏的评判，没有到你接待自然的职务时，你要让自然有时间去做它的工作，以免干扰它的措施，你以为你知道时间的价值，唯恐荒废它。你没有意识到误用时间比虚掷光阴浪费更大……自然要求儿童在成年以前保存儿童的本色，如果我们想要颠倒这个程序，就会产生一种不自然的果子，没有成熟、没有果味；这种果子，不到成熟就烂了……儿童自有儿童的思想、见解和情感。"（引自《爱弥儿》，[法]卢梭著，李平沤译，商务印书馆，2012年。）

原则三：等待

父母们不自觉地喜欢在对比中期待或要求自己的孩子。很多父母都有自己的小圈子，尤其是妈妈们，圈中讨论最多的话题就是孩子，孩子们的身高体重、兴趣爱好、一日三餐、智商情商，都是被关注的话题。在对比中，一定会有的孩子语言能力发展得特别好，也一定会有的孩子身体发育得特别强壮结实，还有的孩子会显示出超常的记忆力，抑或者在艺术方面具有潜质……这时，父母千万不要简单地把自己的孩子拿去比。如果你觉得自己的孩子在某个领域的发展确实滞后，也千万不要着急，你能做的就是慢慢等待孩子的成长。因为每个孩子的发展速度都不可能一样，就像每片树叶各不相同。

等待孩子慢慢成长，是一种从容健康的心理，同时也会给予孩子很大的成长空间。千万不要把任何焦虑传递给孩子，因为你的孩子才2岁，急什么呢？要知道，越是在宽松环境中长大的孩子才会越有自信！

原则四：让生活游戏化

小孩子以游戏为生命，这是教育家陈鹤琴先生在其著述里非常强调的，在关于游戏的章节里，就有20条重要原则被列出。比如，小孩子最好有玩水的机会；小孩子应有锤击的机会；玩物的作用不仅仅是为博小孩子的欢心，更是让他因此得到自主的机会。

关于游戏与儿童心理发展和能力发展的关系，西方的理论家们也早有定论，游戏不仅可以推动儿童的认知、社会、个性、交往能力的发展，还可以调节儿童的情绪。英国的教育家尼尔甚至说，"当一个小孩没有游戏能力时，他的心已经死去"。

回到 2 岁孩子的生活里，相信父母们已经有很深的体会，没有儿童可以脱离游戏去生活，从他可以抓举物品的那一刻起，就和游戏密切地交织在一起了。2 岁的孩子通常会沉浸在单独游戏和平行游戏（和玩伴在一起各玩各的）的世界里，也有很多时候是和父母一起游戏。对父母们来说，和孩子一起游戏并不难，难的是父母如何学会有意识地用游戏化的方式解决孩子的问题。

在日常生活中，我们不难看到这样的状况，父母们的时间表执行起来经常会大打折扣。例如，妈妈要带孩子去看演出，但是孩子在出发前偏偏不肯把乱糟糟的头发梳好，怎么办？生硬的方式就是"你必须听我的，过来梳头！"这样的方式可能会达到按时出门的目的，但同时伴随的也可能是孩子哭着梳完了头，妈妈一路上还不停数叨孩子的结果。如果换一种方式呢？妈妈扮作要看的演出中的一个角色，这个角色最好是孩子期盼已久的，比如小红帽。小红帽在焦急地等待小朋友的出现，但是如果小朋友的头发乱糟糟，小红帽一看见就会晕倒，因为小红帽喜欢让穿戴整齐的小朋友去看演出。妈妈演绎一下这个过程，再来让孩子自己决定是否要梳头，效果就会不一样。

上面这个例子是让妈妈把孩子导入某个游戏，让孩子改变做法。这个例子的实质说明了装扮游戏对孩子认知的改变。例如，一个装扮要去刷牙的孩子会遵循睡觉前的卫生习惯；一个怀里抱着玩具娃娃的孩子会在父母要求的时间点喝水，因为她是在扮演妈妈，给怀里的娃娃喂水，娃娃都没有拒绝，她自然也不会拒绝。

原则五：启蒙

个体生命从降生之初，就开始了他一生的成长。人的一生，受教育的黄金时间非常有限，因此父母对生命的启蒙就显得格外重要。我们面对的生命是格外幼小和稚嫩的，这个生命从睁开眼睛看世界的那一刻起，就带着无限的好奇心开始认知了，他有我们不曾体验到的强大内心，更有我们完全不知晓的"婴幼智慧"，他具有的神奇性比任何生命都丰富有趣。

这就是为什么婴儿听到悦耳的声音会兴奋，看到鲜艳的颜色会做出反应，闻到妈妈的气息会主动去寻找，发现喜欢的东西想去抓举，这个生命带着蓬勃的力量开始了他独有的人生之旅。在最初，也就是我们可以启蒙他的时候，千万不要因为工作的繁忙、时间的紧张、身体的怠倦或是情绪的低落，从而忽视了对孩子最初的、最宝贵的启蒙。让我们回味人尽皆知的那句俗语，"从小看大，三岁看老"。孩子受到了什么样的启蒙，他的一生就打下了什么样的基础。从这个意义上讲，启蒙是家庭教育的重点，也是家庭教育的原则。

Tips

如果父母们有时间，在家里多和孩子玩一些假装游戏，对孩子的心理影响将是巨大的，这种游戏最终会让孩子学会控制情绪，用规则来约束行动，而不是任性和冲动。

从养到教的挑战：育儿难点

关注心灵的教育

我们已经知道了 2 岁孩子的身体发育、心理状态、性格气质及行为举止等方面的特点。其实，面对 2 岁的孩子，最不难做到的是生活层面的"养"。各种育儿书里都会详细地介绍怎么帮助孩子控制大小便，什么样的食物搭配是科学的，什么样的玩具是安全的，孩子不睡觉怎么办，挑食怎么办，等等。但就是从此时甚至更早起，父母对孩子"心灵世界"的滋养，具体到精神气质、脾气秉性、人格塑造，也需要同步开始。父母的言传身教其实已经在影响着孩子的成长了，你的孩子将成为一个什么样的人，这个时期父母点滴的影响都会在未来显现出来！

孩子从呱呱坠地起，心灵的成长就已经开始。我们会发现，凡是生活层面的"养"，只要稍加注意会越来越得心应手；而心灵层面的给予和建构，则是一个长期的、细致而周全的"大工程"。从养到教，不能迟！对于 2 岁孩子的父母来说，这是一项巨大的挑战！

什么是心灵层面的给予？孩子首先是一个活生生的生命体，他们带着生命之初的种种密码来到我们身边，当我们试图解读这些密码时，需要带着为人父母无限的柔情，带着对幼小生命的学习认知。父母需要做的就是，俯下身去，和这个生命亲切地对话，对这个生命进行探索，给予这个生命最需要的东西。

根据皮亚杰的认知发展阶段理论，2岁的孩子尚处于利用符号系统表征和理解环境信息的阶段，他们会按照客体和事物外在的表现来做出反应，他们的思维是"以自我为中心"的。如果父母对2岁孩子的心理发展毫无认知，只凭感情和感觉来教育孩子，那么从这个阶段开始，亲子间的冲突只会逐渐加重。

这个年龄段的孩子处在生命之初，他们的内心有一种不被成人看到的强大力量，无论从精神到体力，都充满了无限的能量。他们随时都在调动自己的感官释放内心的力量，而我们成人的责任，就是在他们释放力量和能量时对任何一种结果给予及时的回应和修正。比如，当他们特别固执的时候，成人应该想办法巧妙地来阻止他们，而不是通过发脾气或简单的说教。对于2岁孩子的父母来讲，从这一新的阶段开始，需要用心和大脑去思考。

2岁孩子的语言已经发展到一定水平，能听懂成人的很多指令，想象力和模仿力也都开始发展，因而2岁的孩子绝不能被简单地看成只要吃饱、喝足、玩好、睡好就行。在这个重要的阶段，他们的心理发展逐

Tips

父母最容易犯的错误就是无视孩子内心的感受，把成人的意志强加给孩子。

渐从"以自我为中心"走向全新的阶段，好的结果便是，他们通过一系列的活动和体验增强了想象力，逐渐意识到别人对事物的想法和反应不总是和自己一致。比如，当他们强烈地想占有一个玩具并且认为就应该这样时，他开始知道父母或别人不这样认为。

为了达到这样的教育目的，父母必须从孩子的心理出发去关注他们心灵的成长，这是身为 2 岁孩子的父母必须切记且唯一的路径。什么是最好的教育？杜威认为，教育是生活的过程，而不是将来生活的预备。如何从生命个体的角度认识孩子，又如何从心理、行为、情感、认知等各个方面出发来体察孩子的成长，给予他们最适合的养育，这才是父母在教育孩子时要思考的。

理解孩子

教育孩子的前提首先是理解孩子，鲁迅先生在《我们现在怎样做父亲》一文里曾说，"开宗第一，便是理解。往昔的欧人对于孩子的误解，是以为成人的预备；中国人的误解，是以为缩小的成人。直到近来，经过许多学者的研究，才知道孩子的世界，与成人截然不同，倘不先行理解，一味蛮做，便大碍于孩子的发达"（引自《新青年》，1919 年 11 月第 6 卷第 6 号）。

从那时起尽管我们对孩子的理解和认识已经有了长足的进步，但是具体到"如何才能做好孩子的父母"这一问题，依然会觉得力不从心，挫折百生。之所以会这样，就是因为我们今天生活的环境与之前相比日新月异，孩子的变化经常会超出父母已有的传统经验，使得父母们不得不从零开始，学习做合格的父母。

叶圣陶先生认为，孩子都是一颗没有发芽的种子，最后长成什么，不完全是由家长的意志决定的，每个儿童都是独特的个体，善待儿童的做法是顺其自然，家长的智慧应该在这里。

这里所说的智慧是一种比较高的境界，父母们通过不断的实践和学习都未必能修成正果。因为父母也是不完美的，在成为父母之前，所受的教育、所处的家庭与成长环境就已经决定了他们的基本养育方式和态度。但是，正因如此，父母们就更有重新和孩子成长一次的必要。

重新和孩子成长一次：家庭教育的哲学境界

父母也需要完善自己

初为人父人母的头两年，父母与孩子的关系基本上是照料与被照料的关系，加之孩子的语言还没有完全发展起来，2岁之前，孩子在父母眼里就是一个备受呵护的婴童。而实际上，随着孩子的成长，亲子之间的关系应该趋于平等，父母应该放下自己的权威，重新和孩子成长一次，完成对自身角色的思考。

父母为什么要重新和孩子成长一次呢？这是因为有了孩子而带来的生命的丰富延展。看着孩子的长大，父母们能不想到自己的童年吗？能不重新审视自己走过的路吗？当一个孩子把新的成长状态展示给父母时，父母对自己的纠正就是在重新成长。

有一位爸爸在没有孩子之前特别不喜欢听《生日歌》，每次听到"祝你生日快乐"就会浑身别扭。有了孩子之后的第三年，自己过生日的这天，一回家就听孩子妈妈说女儿在家唱了一天《生日歌》。女儿见到爸爸回来就又唱了起来，妈妈问爸爸什么感觉，爸爸抱起女儿亲了又亲，说以后听这首歌再也不会不适应了。

多好的家长成长的事例！孩子对家长的影响和改变在此可见一斑。著名画家丰子恺对孩子的热爱超乎寻常，他曾这样说，"我的心为四事占据了，天上的神明与星辰，人间的艺术与儿童"。丰子恺先生认为，孩子"有天地间最健全的心眼"，是世间"彻底而纯洁"的人。丰子恺这般诚挚的心声，特别能诱发我们俯身去发现孩子。传统的思维通常认为父母（或老师）是孩子的引领者，但是当我们反躬自省时会发现，其实父母能给孩子的东西非常有限，反倒是孩子从出生的那一刻起，就把一个无比丰富并且无限延展的世界带到了父母面前，他给予父母的惊喜与妙趣往往是成年人无法想象的。因此，做父母的如果能够从内心深处感谢孩子，将是非常有意义和有价值的。怀着这番感谢再来养育孩子，父母自身的成长也就会在其中了。下面，就让我们来看看父母应该感谢2岁孩子什么吧。

让父母有机会认识生命之初

生命只有一次，当我们能够记事时，通常已在四五岁以后。如果不是孩子的降生，做父母的恐怕永远无法近距离感知生命之初的状态以及后来的发展规律，而这一切，从积极的角度出发看待，又是多么地动人可爱。

拿2岁的孩子来说，他的眼睛里一派纯真，没有丝毫杂质，憨憨的模样对于复杂的世界、复杂的人没有任何威胁；他对万物充满的好感与好奇也会吸引着我们，使我们不禁停下匆忙的脚步来和他一同关注这个世界，使我们麻木的感觉也会突然被搅动。

2岁的孩子笑起来特别好看，他们的快乐是发自内心的；2岁的孩子哭起来也特别投入，他们的悲伤会一览无余；他们饿了就吃，困了就睡；看到妈妈回来会高兴得手舞足蹈。其实这些，做父母的在自己的童年也都有过，只是随着时间的推移，它们都被慢慢遗忘了。直到我们重新在孩子身上看到，才觉得这一切是多么珍贵！我们要感谢 2 岁孩子的，正是这些彻头彻尾的天真和纯洁。有时候，面对至真至善的孩子，我们心中让生命重新开始的愿望会油然而生。

让父母重新成长一次

因为能够有机会认识生命之初，父母在与孩子朝夕相处的日子里，也就有了二次成长的机会。在孩子的带领下，父母这样的心理体验几乎每天都有。当孩子睁大好奇的眼睛向父母发问时，我们会赶紧提醒自己是不是要充电了，已经老化的知识结构在孩子的考问下要去更新；当孩子在睡前和父母一起分享绘本时，我们在童年不曾听到的故事会使我们一天的疲惫消散而去；当孩子用灵巧的小手和父母一起做手工时，我们久违了的创造力被激活了；当孩子用手中的画笔在纸上涂鸦时，我们已经消失的想象力在瞬间被打开了；当孩子用稚嫩的童声放声高歌时，我们心里的歌声也会欢快地响起……

有了这些让我们重新成长的体验，也就不难理解丰子恺先生为什么那么热爱孩子甚至崇拜孩子了。有意思的是，他特别不希望自己的孩子长大，他希望孩子"一直浸润在童心世界的快乐和本真中"。有一天，他的女儿长大了，他写下了《送阿宝出黄金时代》，内心的惆怅跃然纸上。

阿宝，我和你在世间相聚，至今已十四年了，在这 5000 多天内，我们差不多天天在一处，难得有分别的日子。我看着你呱呱坠地，牙牙学语，看你由吃奶改为吃饭，由匍匐学成跨步。你的变化微微地、逐渐地展进，没有痕迹，使我全然不知不觉，以为你始终是我家的一个孩子，始终是我们这家庭里的一种点缀，始终可做我和你母亲生活的安慰者。然而近年来，你态度行为的变化，渐渐证明其不然。你已在我们的不知不觉之间长成了一个少女，快将变为成人了。在送你出黄金时代的时候，我觉得悲喜交集。(节选自《丰子恺散文精选》，丰子恺著，长江文艺出版社，2012 年。)

这段感人至深的文字，是为人父母的内心写照，也只有像丰子恺先生这样爱孩子、懂孩子的父亲才能写出。他送阿宝走出了黄金时代，阿宝也以她的成长证明了生命周期中的一段客观真相。

回到"孩子2岁了，你准备好了吗？"这个题目，相信父母们会给出自己的具体答案。每一种准备都是对生命的关爱和尊重，也是对自身的重新发现。真的，让我们感谢孩子，感谢他们让我们重新成长！

父母随笔

第 2 章

每一个关口都很重要

——关键期的关键帮助

2 岁的孩子会经历一个又一个的关键期。在关键期，孩子会得到什么样的养分，取决于父母对生命的态度和对早期教育的理解。很多父母都知道关键期对孩子未来发展的意义，在关键期给予孩子关键帮助，将会为孩子的一生奠定良好的基础。

依恋关键期的帮助：高质量的陪伴

民间有句老话，"从小看大，3 岁知老"，这是一句智慧的总结。在西方关于婴幼儿研究的著作里，也有类似的概括，即 3 岁决定人的一生。0～3 岁，是孩子生命周期的一个关键期，依恋关系的形成就在这个时期。处在依恋关键期的 2 岁孩子，特别需要从父母或其他看护者那里得到足够的安全感，而这种安全感的关键就在于陪伴，并且是高质量的陪伴。

依恋的类型

很多父母都有这样的体验和感受，怀抱中数月大的小婴儿已经和朝夕相处的看护者有了情感交流。看护者是否得到婴儿的喜欢和信赖很重要，如果得到了，婴儿的情绪总是快乐的，他们觉得自身的安全得到了保障。父母们也会发现，即使很小的婴儿，也会在最亲密的人离去后感到不适。这种心理会对婴儿长大后产生重要影响，关系到他是一个乐观的人还是一个冷漠的人。

2 岁的孩子虽然已有独立的一面，但在心理上对父母或看护者的依赖是很强的。孩子与母亲或重要看护者之间的依恋关系将会影响他与其他成人及同伴的社会关系，并且不同的依恋类型对孩子日后的人格发展、情绪认知和人际关系等都有着重要的影响。

回到孩子 2 岁的心理状态，这个时期由于语言和表征能力的发展，他们已经能对妈妈离开的原因表示理解。但是有一点很重要，妈妈的陪伴会直接影响到母婴的依恋类型。心理学家将依恋划分为四种类型——安全型、回避型、抵抗型和混乱型。

安全型依恋

◇妈妈在场时，孩子可与妈妈一起愉快地游戏、玩耍，自信地探索环境，不总是注意妈妈是否在场。

◇遇到陌生环境和陌生人，能迅速回到妈妈身边，寻求保护。

◇对陌生人的反应比较积极，在妈妈鼓励下能与之交流。

◇当妈妈不在场时，安全感下降，会哭泣或苦恼。

◇当妈妈回来时，会立即寻求安慰。

回避型依恋

◇妈妈是否在场对孩子影响不大。妈妈离开，不紧张也不忧虑；妈妈返回，不太理会，有时也会感到高兴，但很短暂。

抵抗型依恋

◇看到妈妈要离开，很警惕；妈妈离开后，极度反抗。

◇妈妈回来后，不把妈妈作为安全的基地，对妈妈要抱他的要求极为抵触。

混乱型依恋

◇孩子在陌生环境中感到迷茫和恐惧，对分离和重聚表现出矛盾、不知所措。

◇妈妈返回时，会哭叫、跑开或是战战兢兢地接近。

第一种依恋类型是最好的，这类孩子与后三种不安全型依恋的孩子相比，在社会能力和认知能力等方面会获得更好的发展。

皮皮的妈妈是在他出生后 6 个月去上班的，虽然他由爷爷奶奶精心照顾，但是皮皮因为妈妈突然离去而变得爱哭闹。后来，皮皮在2岁时因为爷爷奶奶的身体不佳而被妈妈送去了幼儿园的托班。皮皮是幼儿园里最小的孩子，尽管托班的阿姨对他的照顾不亚于父母，但是皮皮总是愤懑、焦躁、易怒。有一次，皮皮和班里的小朋友一起户外活动，途中一个小朋友插队，正好插在皮皮前面。皮皮被激怒了，推了小朋友一把，然后就拒绝站在队伍里行走，无论老师怎么劝阻都不归队，皮皮极端的性格令周围的人觉得很不可思议。

由上例可见，依恋关系对个体有着重大影响；而2岁，恰恰又是形成依恋关系的重要时期。如果你已经是全职妈妈，那就要力争做一个"高敏感性的母亲"，因为由"低敏感性的母亲"养育的孩子多数会形成不安全型的依恋。"高敏感性"要求妈妈们对孩子发出的需求能敏锐地捕捉，然后给予恰当的满足。要花费足够多的时间与孩子相处，拿出无比的耐心了解孩子各个方面的需要，并及时给予反馈。

高敏感性母亲的案例

优优的妈妈有工作但不需坐班，因此就有了很多陪伴孩子的时间。优优妈妈最大的特点就是耐心，在孩子还不会说话的时候，就给孩子讲故事、唱歌，每天都在跟孩子交流。孩子对墙上的字感兴趣就念给她听，孩子对音乐节奏敏感就带着她跳舞，孩子对书里的画面想了解就给她讲解……在妈妈的及时回应下，优优的情绪和心理非常健康，安全感在 3 岁入园时得到了很好的见证。

孩子安全感的关键在于父母高质量的陪伴。什么是高质量的陪伴？高质量的陪伴是指父母或看护者对孩子心理和情绪的积极影响，是一种非物质的安全感，尤其是情绪上的安全感，这取决于父母和看护者自身的良好心理状态。

高质量的陪伴还在于时间和情感上的投入，在时间上的投入，有倡导者提出每天不低于 3 个小时；而情感上的投入即爱的投入，包括肢体语言的到位、倾听时身体前倾、交流时眉头舒展，以及做有意义的事情。有这样几件事被孩子们称为最幸福的陪伴：晚上到孩子的房间，为他披被子、唱歌，讲小时候的故事；拥抱和轻吻孩子，坐下来聊点什么；花时间单独和孩子在一起；给孩子做健康美味的食物；陪孩子一起看动画片……

高质量的陪伴还强调父母不要对孩子过度关注和过度控制，因为这对孩子来说是一种可怕的溺爱。这种情况多发生在全职妈妈身上，由于她们把所有的时间都给了孩子，因而容易在孩子身上倾注特别多的关爱和关注，事无巨细地为孩子做每件事，对孩子的言行时时在意，处处留心，动辄加以数叨。这种做法将会使父母在孩子走入青春期后吃尽苦头。

Tips

如果父母当着孩子的面发生了矛盾冲突和激烈争执，如何给孩子合理解释，才能使孩子的情绪不至于跌入低谷或是把这一切归罪于自己，这需要父母注意。

父母的情绪稳定很重要

你会发现，微笑和交流对孩子是非常好的刺激，会使孩子的安全感更早地确立，也会使孩子的情绪处在比较良性的状态下。这就要求父母或看护者自身的心理和情绪也要处在一个良好的状态中：发自内心的微笑，认真而及时的交流和互动，活泼开朗甚至幽默的性格表现，这些都会给孩子带来极大的愉悦。反之，暴躁的情绪、焦虑的心情、对孩子的要求敷衍了事，这些都会给孩子带来极大的不安全感和心理阴影。

父母对孩子的心理疏导很重要

2岁的孩子由于还处在"以自我为中心"的敏感期，所以需要提醒家长的是，如果孩子犯了错误，一定要做到对事不对人，不要给孩子造成错觉：爸爸妈妈这么生气，一定不爱我了！如何给孩子讲清楚，我们针对的是这件事情而不是人，是需要技巧的。比如，有的孩子对电源插座或开关感兴趣，想去探索，但是出于安全需要，家长对这些东西采取了防范措施。在这种情况下，孩子的需求没有得到满足，会出现不良心理反应，父母就要耐心疏导，用他能够听懂的话告诉孩子安全常识，而不是对孩子发怒。

看护者的稳定性很重要

有一种观点反对父母把孩子交给别人照顾，甚至认为不带孩子就是父母的一种渎职。而在现实中多数的情形是这样，父母们并非不知道自己带孩子会好于其他人，但是权衡起来，稳定的工作和收入会让他们心里更踏实，加之还有年富力强的父辈可以依靠，年轻的父母们自然就会以工作为主。如果迫不得已是这样的情况，父母们要做到尽量不要频繁地给孩子更换看护者，以免在心理上给孩子造成不安全感。

如果你是一个奔波在职场的妈妈，朝九晚五，但请一定拿出足够的业余时间陪伴你的2岁孩子。因为也许你和孩子的分离，已经使孩子向不安全型依恋靠近；同时，你也不要过于担心，弥补的方式就是多引导和鼓励孩子。当然，最好的方式是创造条件，自己带孩子，并且给予孩子高质量的陪伴！

艺术敏感期的帮助：帮孩子遇见最美的自己

2岁的孩子，已经进入艺术敏感的关键期：用自由涂鸦的方式表达对绘画的敏感，热爱简单手工，喜欢音乐节奏，在潜意识中蕴藏着一种随时可以被激发出来的能量。这个关键期到来后，父母仅仅单纯地在艺术方面给予启蒙是远远不够的，这样容易使孩子重技艺而忽视了心智的发展。因此，在对孩子进行艺术启蒙的同时，也要重视孩子情感、心智的表现和发展。这一点关系到孩子对自我的认识，也关系到他将来会成为一个什么样的社会人：是愤怒的还是包容的，是容易受伤的还是豁达的，和这个世界的互动关系是以积极的还是消极的形式展开。所以，在艺术敏感期，父母首先要帮助孩子认识的是"自我"，要让孩子遇见最好的自己！

让我们先来看看一个即将3岁的儿童的叙述。

我快要睡着了，我特别爱妈妈，也特别爱爸爸。我和爸爸睡觉特别幸福，我听着音乐也很幸福，我陪着爸爸很幸福，爸爸陪着我也很幸福。

从以上这幕小生活片段的描述中，我们看到了一个儿童内心细腻的情感，孩子对自己的认知特别满意，特别幸福。

不要让孩子依赖电子产品

每个孩子都有表达情感的方式，父母需要学习如何与孩子互动，促进亲子间的情感交流。其实早在孩子还未出生时，准父母尤其是准妈妈就已经开始了与孩子的互动，她会对肚子里的胎儿说话，放音乐给他听。孩子出生后，妈妈与怀抱里的婴儿更是有很多情不自禁的情感交流。但是很多父母未必都会把情感交流作为常态持续下去，通常随着孩子长大后活动范围的扩大以及对自己依恋程度的变化，父母容易把陪孩子这件事搁在一边，专注于自己手头的事情，导致和孩子之间的情感交流以及陪伴时间都呈下降的趋势。

在现实生活中，我们不难看到，2 岁孩子的陪伴者中祖辈占了一定的比例。祖辈带孩子不能说完全没有情感交流，但是因为体力等原因，让孩子坐在一边长时间看电视的情况比比皆是。孩子长时间看电视不仅会影响视力，而且会严重影响孩子与他人的交流，因为电视所传达的信息孩子都是被动接受的，在电视机前长大的孩子，其智商有可能低于同龄孩子，患自闭症的可能性也很大。

社会已经进入到了多媒体时代，孩子很容易就能接触到手机、电脑、iPad。很多两三岁的孩子对手机的使用无师自通，在这样的大环境里，父母与孩子的情感交流已经受到了挑战。试想，一个沉溺于电子产品的孩子怎么才能经受住诱惑，更多地接触自然和拥抱亲情呢？

儿童发展心理学的专家们也强调，在 0～3 岁这个阶段母亲陪伴孩子的重要性，因为在安全和愉快的环境里，亲子间建立起安全的依恋关系是对孩子情感最好的开启方式。

心智开启很重要

心智的发展关乎孩子的想象力、好奇心，以及未来的学习兴趣和能力，这是很多父母极为关注的一点。很多早教机构因此应运而生，在此浪潮下，几个月大的婴儿也被父母带去开发智力。

关于低龄儿童的心智开发，有一种意见是要尽早开始早期阅读。对于不识字的 2 岁孩子而言，早期阅读的内容和方式完全取决于父母。如果父母在这方面特别用心，精心为孩子选择读物，坚持不懈地给孩子讲故事，到三四岁的时候，孩子的心智会达到一种较好的水平。

对于语言促进心智的发展，听起来好像需要很强的专业性，其实在日常生活中，父母们随时就可以进行。首先，要鼓励孩子说话，让孩子尽情地表达自己的想法和情绪。有个刚 2 岁的女孩子，有一天早晨起来，发现爸爸不在家，就用她能驾驭的语言说："妈妈，爸爸——"她的妈妈一下就听懂了。于是妈妈回答说："爸爸去出差了。"孩子立刻就说："出差。"有个 2 岁多的男孩，喜欢拼中国地图，无意中就记住了很多地名。

其次，孩子说错了也没关系，父母要进行及时而温和的纠正，这样就会激发孩子表达的热情。语言启蒙除了日常生活中的交流、父母讲的故事、孩子从动画片中听到的故事、有声读物，还包括背诵。有关背诵的价值和意义在后面会专门叙述。

心智的开启除了阅读和语言，还包括孩子在家庭环境、社会环境和自然环境中看到的一切，这些图景形成了孩子最初的眼界。因此，一个家庭的日常生活和氛围对孩子的影响也是巨大的，在充满情趣的家庭中长大的孩子日后会比较热爱生活；温馨的家庭氛围会让孩子更自信、更开朗；健康的社会环境和优美的自然环境也会让孩子心情愉悦，充满阳光。

带孩子接触大自然

一花一世界。多带孩子到大自然中去发现和感受，一定会让他们的身心得到良好的发展。2岁的孩子一般已经能够对自然环境有所感知，并且能用语言表达对美好事物的感受。有个2岁多的小女孩第一次去北京植物园中的樱桃沟。四月的樱桃沟，桃红柳绿，景色宜人，小女孩看到眼前的景物，开心地说："真有意思！"

添添的父母是值得家长们学习的典型，他们经常带孩子接触大自然，全家人外出经常带着帐篷，在野外安营扎寨。有一次，他们带着2岁多的女儿在一座山上宿营，他们的女儿是同去的家庭里最小的一个孩子。更有意思的是，添添的父母每次带孩子外出旅行时，从不去需要门票的人工景点，而是选择真正的自然景观。添添现在已经8岁了，特别喜欢看书，对很多事情都有自己独到的见解，这与她小时候经常和父母一起去领略大自然有很大关系。

如果一个孩子"遇见"了最好的自己，也会对一切美好的事物感兴趣。对孩子进行美育是近些年来大家非常提倡的，对美好事物的感受直接影响孩子日后的人生观、价值观和世界观。

让孩子去感受美好的事物，不必非要追求"高大上"，比如一定要带孩子去上兴趣班，接受正规的训练等。在教育急功近利的大环境下，很多父母都容易走偏，有的家长希望孩子去学钢琴，潜意识里或多或少是想培养孩子成名。现实生活中这样的情况非常普遍：在艰苦的学琴路上，很多孩子经过刻苦的训练，掌握了非常好的弹奏技法，但音乐素养却并没有建立起来，他们不知道音乐背后的艺术性，也不知道如何欣赏音乐。试问，这样的艺术启蒙又有什么意义呢？

感受日常生活的美

在日常生活中，美的事物无处不在：路边的小草，花坛里盛开的鲜花，夜空中灿烂的群星，雨后趴着不动的小蜗牛，妈妈做的美味饭菜，都具有无限的美感和艺术性。从日常生活的场景中开启孩子对艺术的认知和探索，对孩子来说更容易接受，也更为直接。如果还想进一步培养孩子的艺术感知力，那就把画笔给他们，让他们把想象力发挥到极致。

绘画、音乐、舞蹈、手工都可以帮助孩子开启艺术之旅，具体的引导和启蒙，的确需要家长用心对待，让孩子听优美的音乐、翻阅有品位的画册、剪纸、捏泥人、用沙子做雕塑等都是很好的方法。需要注意的是，处在艺术敏感期的孩子，大多数都会对涂鸦感兴趣并将持续一段时间，这就需要家长予以关注和保护，多给孩子提供一些时间和环境，让他们按照自己的方式自由表达。有个孩子自幼受父亲的影响，对甲骨文产生了浓厚的兴趣。在他的眼里，这些好看的文字都是图画，于是就学着画，开心不已。

情感和心智的开启对孩子来说，是内在的成长，心灵的滋养；而艺术打开的是孩子与外部世界的连接，是外在的成长。有了这两种成长，对一个孩子来说，才是完整和有力量的。

语言敏感期的帮助：给孩子最适宜的读物

重要的早期阅读

"从前有座山，山里有座庙，庙里有个老和尚在讲故事。讲的什么故事呢？——从前有座山，山里有座庙……"

这是一个永远只有开头、没有结尾的故事，有的父母在逗孩子玩时，就把它讲了出来。没想到，就是这么一个没有故事的故事，对孩子都有一定的吸引力。可见，孩子需要故事。更重要的是，2岁是孩子语言的敏感期和爆发期，在这个时期给予孩子什么样的语言帮助，孩子就会有什么样的收获。

前文说过，早期阅读能力在婴幼儿时期就开始发展了，孩子在被称为"前阅读阶段的"9个月至2岁这一期间，就已经有阅读行为了，他们能够通过听故事、看图画来完成阅读活动。在这个前提下，帮助孩子发展语言能力的有效方式，就是让孩子触摸书籍。这不是因为书上有文字，而是因为有图画。例如，一个只有10个月大的婴儿，第一次看见身边放的一些图画书时，不可能将其认知为这是一本图画书，他会觉得这个东西更像玩具。当看到书里有熟悉的东西——小狗、花猫等形象时，他立刻就变得很兴奋，婴儿的"阅读"就这样开始了。

孩子的早期阅读有利于大脑的发育和成熟，有利于认知、情感和个性的发展，并与未来的阅读能力及学业成就相关。阅读的益处对于很多父母来说已是心领神会，在很多家庭中，父母陪伴孩子看绘本、睡前讲故事等已是常态。无论开始的早与晚，这些活动都已然成了父母育儿的一部分。

Tips

对于父母而言，千万不要把早期阅读的过程当作"流程"，在书与孩子和父母同在的时刻，有许多"内涵"值得挖掘。

父母为什么要给孩子朗读？

　　为什么家长要给孩子读书？有一种答案特别简单：因为小孩子不识字，无法独立阅读。日本图画书之父松居直先生对此有自己独到的见解。他先是给图画书下了严格的定义，"不是孩子们自己阅读，而是由大人读给孩子听的书"，"正因为是大人读给孩子听的书，对孩子来说，图画书才有重大意义"。

　　这种重大意义在于，孩子通过大人读图画书获得的语言体验优于其他方式（如日常对话、电视语言等），因为在此过程中伴随着父母的形象以及态度。而电视机发出的声音和话语，虽然也是语言，但孩子在接受时是被动的。更为重要的一点，图画书中的词汇和故事是通过父母的声音传到孩子耳中，然后进入孩子的内心世界。松居直先生强调说，图画书的内容由父母传达给孩子、影响着孩子，读图画书的人在孩子心中会留下强烈印象。父母给孩子朗读书时，恐怕连自己都没有想到会对孩子的心灵产生强烈的影响！这就是亲子阅读的情感价值，非常值得珍视。有位父亲每天晚上都给自己的孩子讲图画书，每次讲的时候，都握着孩子的小手。很多年过去了，孩子已经长大成人，他对父亲讲的故事已经忘记，但他永远都记得父亲那双温暖的大手，而这足以温暖他一生。

还有一点值得一提，那就是翻书的意义。这个细微而必需的动作在大师们的眼里有着不凡的意义！松居直先生说，"动手对人很重要，体现了人类最基本的形态"。换言之，人作为文化接受者的同时，也是文化的创造者。如果不用手翻页，就看不到想要看的东西，体会不到书里的乐趣。父母动手翻书给孩子看时，孩子也会对这个动作发生兴趣，想自己来翻，书便和孩子建立了第一步的关系。

除此之外，孩子与父母在阅读时共处于同一个故事世界，获得了共通的经验。这个共通的经验，不会随着孩子的长大而失去，它将作为快乐的精神纽带永远存在下去。

2 岁孩子应该读什么？

可供 2 岁孩子阅读的书籍大致分为三类：一类就是以图画为主的书，也叫绘本，它包含很少的文字，主要是用图画来讲故事；另一类是图文并茂的故事书，以故事为主，插图为辅；还有一类多为引进的立体书，基本是为 0～3 岁的低幼儿童设计的，不仅能看，还能动手操作。

琳琅满目的童书让父母们选择时大有眼花缭乱之感，给两三岁的孩子读什么，也是父母们经常交流的话题。其实有一点很关键，父母在选择图画书的时候，注重故事的内容及表现力要多于插图的色彩和风格。给 2 岁孩子欣赏的故事情节不要太复杂，它可以没有文字，但如果有，文字一定要优美；故事内容要么温暖清新，要么风趣幽默。

关于色彩方面，父母选择时要避免那种一看就是在堆砌，看上去很炫实则艺术格调并不高。有个原则需坚持，图画书的功能不是用来欣赏绘画的，孩子们最期待的是能通过图画进入到故事里的奇妙世界。即便是单纯的色彩，只要能够"精彩地描绘出故事的世界"就可以了。比如《小熊悠悠》《芙么芙么》就是这样的图画书，简单的故事，干净的画面，却让人觉得温馨而曼妙。

如果选择文字比较多的图画书，对身为讲读者的父母来说，则有更高的要求。首先，父母要懂得儿童学习语言必须注意的事项，即语言先从声音和韵律开始，然后才是形象和意义。父母要格外重视由语言的声音以及韵律的丰富体验而产生的耳朵与语言的关系，因为语言的魅力是由声音来决定的，而不仅是语意。

这就是为什么父母要花时间来给孩子朗读的原因，有的父母认为孩子如果尽早认字，就可以自己去看书了。松居直先生极力反对这种观点，他认为用自己的语言教给孩子各种事情，是人类必须而重要的行为，是父母最大的义务，如此宝贵的一个机会自己却轻易放弃了，是很愚蠢的做法。

读书要注意什么？

父母给孩子读图画书要注意的是，不要一口气读完了事，最好的方式是把故事内化成自己的语言，讲给孩子听，而不是机械地读。这要求讲述者首先对故事发生共鸣，再把故事用自己的理解讲出来，从而引发孩子的共鸣。这个要求可能有点苛刻，但是如果能做到这点，对两三岁的孩子来说，是大有益处的，这些故事会在他们幼小的心灵里留下深刻的印记。

另外有一点需要注意，有些父母为了锻炼孩子的语言能力和思维能力，喜欢边讲故事边提问题。然而，频繁的提问对于刚刚开始阅读的两三岁孩子来说表面上看是好事，但实际上是在加重孩子的负担，不利于孩子进入故事的世界，自由地打开想象。因为总是想着要回答什么问题，长此以往，孩子对书的兴趣就会下降，甚至会产生厌烦。

有的父母在讲故事的过程中可能还会忍不住说几句，但是要注意，即使提问，也应尽量站在两三岁孩子的角度，而非成人的角度。有本著名而有趣的绘本《拔萝卜》，就很容易被父母理解为"齐心协力就会做好一件事情"的主题意义，而这其实是误读了作者最本质的想法。

Tips

给两三岁的孩子讲读，帮助他们在语言关键期发展语言能力，需要父母的认真思考、精心准备。

自我意识关键期的帮助：帮执拗的孩子体验快乐

许多2岁孩子的父母都体会到了来自孩子的挑战。孩子迎来了自我意识萌发的关键期，在众多执拗的表现中，他们最喜欢说"不"，越不让做的事情越要去做。在情绪上的表现，他们是不折不扣的"以自我为中心"的执拗孩子。作为父母，我们应该如何帮助孩子顺利度过自我意识萌发的关键期呢？

孩子的叛逆属于正常现象

很多父母都有这样切身的体会，孩子2岁前，自己作为看护者几乎拥有绝对的权威。在很多方面，由于孩子处于被保护的状态，安全是第一位的，因此父母对于来自孩子的叛逆体验还未开始，对自身"权威"的稳固很有信心。终于有一天，父母的权威被打破了！请看这一幕——

一家儿童活动中心里，孩子们刚刚下课，因为到了午饭时间，家长们纷纷带孩子离去。一个2岁多的小男孩被父亲带着去换鞋，父亲希望他快点和自己去吃午饭，但是小男孩就是不想离开，还想玩。起初父亲没有着急，允许他玩了一会儿，然后就催促他离开。小男孩还是不情愿，最后在父亲拉着他离开的那一瞬间，索性就坐在地上不起来了。孩子的举动被很多在场的父母都看到了，那位爸爸没有发火，极力隐忍着，等他再次拉孩子离开时，孩子就躺地不起，而且大哭起来。

这位爸爸看上去非常无助，既没有发脾气，也没有强行把孩子抱离，但是可以看得出，他内心的挫败感已经到了极点，只是不想在公共场合发作。而且我们还能看出，这位父亲在众目睽睽下显得非常没有面子。

孩子还在大哭，他的父亲就站在那儿一直等着，但是孩子的哭声并没有停止。于是父亲就开始"威胁"孩子，说如果你继续哭闹下去，你要的玩具汽车就没有了。孩子没有理会，还在哭。父亲实在没招了，就把还在哭闹的孩子倒挂起来，双手托着孩子的脚，致使孩子的头朝下，脚朝上，身材高大的父亲就这样毫不费力地让孩子保持着这个姿势。很快，孩子觉得可能坚持不住了，就止住了哭声，要求下来。再后来，孩子的情绪基本平静了，终于跟着父亲离开了。

如果解读一下这个持续了 10 多分种的场景，它透露出的第一个信息就是，孩子开始或者已经进入叛逆期了，父亲的"权威"受到了严重的挑战！很多父母都有这样的思维定式，视"听话"的孩子为"好孩子"，习惯于孩子服从，不习惯孩子的叛逆、挑战，这和我们的文化传统有关。但是当我们回归孩子的世界，面对孩子的成长规律，不得不正视的就是，孩子的叛逆是其心理发展的正常现象。

在 2～3 岁的幼儿中，80.2% 的孩子有相当强的自主意识，尤其在 2 岁前后，孩子最喜欢说的一个字就是"不"！因为在这一时期，孩子的语言能力得到了发展，可以用一些简单的语言表达意愿。另外，孩子学会了走路，视野大大开阔，看到、听到的事物每天都在增加，这刺激了他们的大脑发育，使他们对很多事情感到好奇。因而，他们会产生越来越强的自我意识。

有意识地培养孩子的成就感

孩子一天天长大，每天都有变化，越来越喜欢尝试新鲜事物。孩子的主意也越来越多，父母往往不容易接受孩子的自作主张，于是亲子之间的冲突就发生了。很多 2 岁孩子的父母，一定都经历过如下的"打击"。

——妈妈在给孩子洗脸，需要拧干毛巾，孩子觉得这个动作很好玩，想去拧，可是妈妈觉得孩子做不好，而且会把水弄得到处都是。妈妈越不让，孩子越要拧。

——要出门了，妈妈拿来的衣服孩子不穿，非要穿自己挑的。妈妈一看，天哪！大冷天怎么能穿纱裙呢？孩子镇定地说："我喜欢。"

——要睡觉了，可是孩子还处在兴奋中，在床上大肆折腾，蹦跳翻跟头，妈妈受不了了，让孩子睡觉，孩子边跳边说："不！"

……

上面提到的拧毛巾，就算孩子没有拧干毛巾，而且还把水弄了一地，只要是在安全的范围内，妈妈为什么就不能让孩子尝试一下呢？一次拧不好，还有下一次，把水弄了一地，擦干了就是，为什么不从鼓励孩子做事的角度考虑问题呢？

我们再来看看另外一个例子。

2岁多的小女孩点点想要洗碗，妈妈想了想就答应了她。可是怎么洗、怎么涮、怎么不把水溅得到处都是，这是有要领的，一个2岁多的孩子怎么能一下子掌握这么多要领呢？妈妈知道，即使掌握不好也没关系，满足孩子尝试的心理才最重要。于是妈妈就给孩子系上围裙，搬来一个板凳，站在孩子身边，手把手地教……孩子在妈妈的指导下特别认真地看并模仿，最后把所有的碗都洗了，也没有浪费水，孩子觉得很有成就感。

孩子在叛逆期的表现不尽相同，对于父母而言，最重要的是调整好自己的心态，心平气和地对待孩子。如果你觉得这是"噩梦"的开始，你多半会和孩子形成对立关系，而这样做的结果往往就是两败俱伤。

对于不允许的行为家长首先要反思

我们先来看看这个例子。

西西和父母一起去玩具商店给好朋友买生日礼物,路上说好只给好朋友买,西西也答应了。可是一进到玩具店,看到那么多自己喜欢的玩具,西西还是动心了,非要让妈妈给他买一辆玩具摩托车。妈妈没有答应,西西就开始哭闹,爸爸赶紧给西西做工作,但是不行,西西哭得更伤心了。看到周围人投来的目光,西西的妈妈立刻就崩溃了,觉得孩子太不听话,于是厉声说:"臭孩子,刚才你是怎么答应的?说好不买的!"

孩子还是哭,而且抱住了妈妈的腿大声说:"就要嘛!就要嘛!"妈妈已经怒火冲天,顺势就冲孩子的屁股上打了几下。她再次厉声说:"哭吧,你再哭我和爸爸马上消失,看你怎么办?"孩子的哭声不但没有止住,反而更大了。

这个场景许多父母或许都经历过,这对于父母而言确实是很大的挑战。从理论上看,在遇到孩子违反了父母原则的时候,家长应该做到坚决而温和。而家长们的苦恼在于,坚决与温和都不起作用,孩子一旦和你拗上了,简直就是"噩梦"!

拿上面的例子来讲,具体到孩子"常常以不合理要求让家长满足"

这件典型的事例上，家长首先要思考的是，是什么原因让孩子见什么要什么？然后才是在那样的"情形"下家长要怎么应对。

现代的孩子生活在一个物质极大丰富的环境里，要什么有什么，这样的环境很容易助长孩子的物欲。父母知道了今天的孩子所处的环境，也就应该努力使自己保持心平气和。这个例子首先反映的是物质极大丰富的环境带给幼儿的影响，其次才是孩子在这个年龄想做主的强大的自我意识。

我们最好用一种乐观的眼光来看待孩子的执拗现象。作为父母，千万不要觉得"噩梦"就要开始了，而是应该蓦然感到：孩子长大了！这是他作为一个独立的人的自我意识的开始。作为父母，尊重孩子叛逆期的心态，就是在帮助孩子建立最初的自我意识。

第 *3* 章

2 岁孩子真的让人"头大"？

——2 岁孩子的教养难题

"2岁"，被认为是既可爱又可怕的年龄。作为父母的我们不能以成人的标准来衡量孩子的所作所为，如果我们总想着"摆平"他们，只会影响亲子关系，"伤娃"又"伤己"。

教养 2 岁的孩子，父母需要在了解他们心理特征的基础上让自己具有最大的耐心！

当遭遇这些"没有"：如何对待 2 岁孩子的认知

让 2 岁父母"崩溃"的时刻很多，因为一下子遇到了 N 多挫折。几乎所有的 2 岁孩子的父母，都要面对自己孩子的三大"没有"：没有时间概念、没有规则意识、没有同理心。父母的"崩溃"来自于孩子因为没有时间概念而表现出的磨蹭，因为没有规则意识而表现出的"自由"，因为没有同理心而表现出的黏人。

当我们面对每天都有的"磨蹭"，时时都有的"自由"，不定时但总也摆脱不了的"黏人"，应该怎么办？

不要跟孩子说"还有几分钟……就怎么样"。2 岁的孩子还没有建立时间的概念，因此 2 分钟和两个小时，对他们没有任何区别，这是因为孩子对数的内涵还不理解，即便会记数，也只是一种机械记忆。在这种情况下，很多孩子只会本能地沉浸在自己的世界里，你告诉他要洗澡了，他几乎不会第一时间脱下衣服，乖乖洗澡，总是要玩够了再洗；你说要出门了，他还是先四处游荡完再出门。

很多家长会着急，面对孩子会脱口而出："快点啊，别磨蹭了，还有 5 分钟就 10 点了，明天还要早起呢！"这种催促方式对 2 岁的孩子几乎没有意义。有效的方式是这样，画一张作息时间图，画出钟表——这不是为了认时间，而是为了形象。在表上，你可以画出孩子该做的事情，用事情来催促孩子。时间长了，孩子做事情的规律就会建立起来。还有一个方法是上闹铃，说好几分钟出门就几分钟，让闹铃来提醒 2 岁的孩子。

一切都是因为 2 岁的孩子对时间的混沌才导致了他们的自由和散漫，加之自我意识的萌发，一切以自我为中心自然就是 2 岁孩子显著的特征。在 2 岁孩子身上，这些场景非常多见：吃饭玩玩具，一顿饭能吃两三个小时；想要什么，就得有什么；拿的玩具不放回原处……

餐桌上的规矩慢慢建立

要想在饭桌上看到一个特别有规矩的2岁孩子挺难，因为2岁的孩子还没有自制能力，他们需要时间，才能慢慢适应必须要懂的规矩和限制。陈鹤琴先生在他的书里专门谈过幼童吃饭的问题，除了要做到饭前洗手、有适合孩子的餐具、要有围嘴这些常识外，他特别强调孩子2岁以前要有适合的桌椅。当然，对于现在的家庭来讲，这样的宝宝专用椅自然是没有问题的。

孩子一过2岁，陈先生的建议是，小孩最好使用自己的一桌一椅，而且最好是在母亲的帮助下先吃。他认为小孩与成人同桌吃饭的弊病有很多，尤其是在孩子还不会自己吃饭前。下面就让我们来看看他所说的弊病有哪些。

- 妈妈边喂孩子，边自己吃，很不舒服；
- 有时因为喂孩子，要吃冷菜冷饭；
- 孩子看见好吃的，会伸手去抓，不雅；
- 孩子不被允许乱抓，大哭，泪汤同饮，不卫生；
- 有的母亲怕孩子哭，一哭就给，造成积食；
- 孩子据美食为己有，令人尴尬。

我们与陈先生所处的时代不同，今天物质极大丰富，很多父母担忧的是孩子不吃，而不是抢着吃的问题。于是，一些家长就会追着孩子喂饭，而这样的方式只会助长孩子的坏习惯，而且很不利于孩子的健康。还有一个令人头疼的现象，即孩子吃饭不专心，一边玩一边吃。让天性好动的他们专注于吃饭，确实需要等待一段时间。如果孩子非要玩玩具，家长最好把玩具拿开，即使孩子哭闹也不要给，要让孩子逐渐懂得吃饭需要专注，否则会影响消化。

　　要养成餐桌礼仪，对于刚刚 2 岁的孩子而言，的确需要一段时间，差不多到了 3 岁左右，孩子的理解力和自控力增强了，他们就会知道一些吃饭时的礼仪，比如不吧唧嘴、不乱翻菜，甚至懂得长幼有序，此时就可以和成人同桌吃饭了。2 岁的孩子吃饭时产生的一个现象，曾经引起广泛争议，那就是有些孩子会在快吃饱饭时，用手抓玩食物，弄得到处都是。到底能不能这样做？一些比较倾向于西方观点的家长对此可以接受，认为这是正常阶段，孩子通过对食物的感觉和触觉来感受物质，刺激大脑发育；还有一些家长尤其是长辈很难接受这样的举动，认为这样做不仅浪费食物，简直就是为所欲为！

　　问题的关键还在于如何引导孩子。如果孩子真有这样的状况，也不要用强制的手段予以制止，而是多让孩子接触一些黏性东西，比如泥巴、彩泥等，让孩子在触摸这些东西的过程中完成他的探索。或者父母有意识地带孩子一起做甜点和面食，让他们在这一过程中获得对食物的真实感受。

让孩子体验一下"存在感"

当当的妈妈非常喜欢干净、整洁，他们家几乎一尘不染。但是有了孩子后，家里的整洁被打破了，孩子的玩具收了又乱。当当妈决定要训练 2 岁的儿子自己收拾玩具，开始的时候，当当还挺配合，觉得这是一件好玩的事情，等"玩"了一段时间，他就不配合了，因为他觉得不再好玩。当当妈为了纠正当当的行为，多方咨询。结果她最终明白，不要太在意孩子把玩具弄得到处都是，尤其是 2 岁左右的低龄儿童，他们需要在看似杂乱的玩具中来证明自己的存在感。如果把什么都归置得特别整齐，他们会没有安全感。因为这个阶段，孩子进入到了探索人与事物关系的敏感阶段，他所看到的物质世界的一切，包括玩具，对他来说极其重要。

但是，这并不意味着父母需要听任孩子一乱到底，而是要适当地引导他们归置物品。当当妈自己做出了很多改变：她把家里的很多角落都布置成了儿童世界，露台上有儿童秋千；门厅里有儿童会客区，当当可以坐在小沙发上接待小朋友；坐在饭厅里的宝宝椅上等待吃饭时，还可以触摸到"星星"和"月亮"。在这几个空间不大但用心布置的空间里，当当妈感到自己仿佛重返了童年，而且一切看上去都是那么顺眼。

这样做的结果是，当当在妈妈创造的"世界"里愉快地遨游着。很快，2 岁半的当当迷上了涂鸦，家里是不怎么乱了，但是墙面却不再干净了。当当妈一下子又陷入了"绝望"的境地！怎么办？当当妈继续翻书学习，终于找到了办法。她把当当的儿童房留出了一面墙壁给他涂鸦，既尊重了他的想法，又保护了他的想象力。

在安全的前提下帮孩子完成想法

一个刚 3 岁的小女孩非要用一只碳素笔在爸爸脸上画画，爸爸起初没有答应，因为他觉得小孩子会没轻没重，不知道孩子会用碳素笔怎样在自己脸上画。但爸爸的拒绝引来孩子的大哭。爸爸最后想出了一个主意，他告诉孩子，自己是一个即将上台表演的匹诺曹爸爸，需要戴红色的胡子，可是家里没有，怎么办呢？爸爸说，干脆就让宝宝用妈妈的口红给爸爸画两道胡须吧。

孩子欣然答应，破涕为笑。爸爸于是找了一件披风披上，戴上一副眼镜，摇身一变就成了故事里的人物。女儿拿着口红，小心翼翼地为爸爸画上了胡须。一切皆大欢喜！

可见，回到儿童的世界里和他们一起互动和认知是多么重要，这种回归首先是父母发自内心的。无论身为父母的我们现在年龄多大，我们都是由儿童期过来的，千万不要忘记了童年的心理和经历！保留下来，延续下去，无论对自己还是对孩子的关键期，都是大有裨益的！

该抱的时候抱抱

很多2岁孩子的父母都有这样的困惑：孩子已经会跑了，可是还要让抱。尤其在户外活动时，如果不是坐在童车上，孩子有时稍微走点路就会耍赖不走要父母抱。这个时候，父母们一般都是不想抱孩子的，有的是因为疲劳，有的是因为想有意识地锻炼孩子腿部的运动能力。而被拒绝的孩子往往因为需求没得到满足而哭闹，和父母形成僵持的局面。

对这个问题的认识还得回到2岁孩子的心理状态上，他们的独立性和依赖性并存，他们不会一下子就达到非常独立的状态，还不具备同理心的他们，不懂得要去体谅别人。这时，父母们可以采取的得当方法就是耐心的引导，鼓励他们多走路，并尽可能用游戏化的方式转移他们想让抱的注意力。比如，父母可以对他们说："前面有棵树，来，让我们比赛，看谁先到。"

值得注意的是，有时孩子可能是真累了，这种情况下父母当然是要抱一抱他们，不能因为要锻炼孩子的身体，就机械行事。父母和孩子之间的肢体交流和亲子情感也需要用"抱在怀里""扛在肩上"这样的方式来表达。没有孩子不喜欢被爸爸扛在肩上的感觉，他们会特别开心，特别满足，父亲和孩子的感情也会加深很多。

Tips

针对2岁孩子，父母要学会等待他们，不要着急，更不要轻易发怒，要一点一滴去引导他们。沉着冷静中自有方法，这是2岁孩子的父母们最大的法宝。

具体情况具体对待。等孩子过了这一阶段，又将是另外一种状态，他们会很独立，尤其是在3岁以后。但是，也请做好思想准备，3岁的孩子有时也会说："爸爸抱！""妈妈抱！"

极具"破坏力"的背后：如何对待孩子的探索

父母们要认真学习和对待婴幼儿发展的关键期，如0～1岁的安全感、秩序感；0～2岁口的关键期、手的关键期、腿的关键期……孩子在这些探索的关键期，如果得到了家长的有力帮助，就会大大降低在精神发展方面出现缺陷的可能性。接下来我们将重点探讨2岁孩子对物的探索，以及父母们应该给予孩子怎样的帮助。

疯狂的小魔头

让我们先来看一个美国妈妈的案例，她有一个2岁半的女儿，孩子的顽皮程度令她和周围的人到了"崩溃"的边缘，下面是她女儿常有的举动。

跑过来把电视打开，把音量调到最大后跑开；打开煤气，掉头就跑；抓住厕所里卷筒卫生纸的一端，疯狂地往外拽，或者把够得着的东西丢进马桶，然后放水冲走；把发卡插进插座里；把灯泡从灯座上拧下来；取下电话听筒，丢在一边跑掉；用力把窗帘拉下，最后把卷轴拉弯；强行往狗的嘴里塞东西；用脏水洗东西；把家中植物的叶子摘下来，随意乱丢。

这位妈妈先是带孩子去看了医生，医生认为这个孩子的发育比同龄孩子早，才有这些举动，于是开了一些镇静药。结果药物只会让她在这些恶作剧中行动有些跌跌撞撞。这位妈妈又带孩子去咨询儿童心理专家，专家给出的权威答复是，孩子没有心理问题，妈妈需要找一个反应敏捷的监护人和她一起照顾这个孩子。

试想，如果是你碰到了这样一个极具"破坏力"的孩子，你会怎么办？作为父母，我们要了解的是：孩子到底如何认识和探索事物？他们的探索和认识分为哪些阶段？父母如何帮助孩子平稳地度过这些阶段？

不要简单地定性孩子的行为

作为父母，我们很容易感受到孩子是从微观的角度开始触摸和认识这个世界的，从孩子会抓举的那一刻起，他们对事物的认识和探索就开始了。如果我们不了解孩子探索外界事物的奥秘，就无法在这个阶段对孩子有深入的认识，而且容易因为缺乏理解而对孩子的行为做出武断的结论。这个武断的结论会影响孩子心理的发展，也会导致亲子关系失去平衡。

1～2 岁的孩子开始了对物质本质的探索，孩子对身边的事物比对人更感兴趣。这就是很多父母认为得把很多危险品藏起来，以免给孩子带来伤害或造成生命危险的原因。即便是这样，我们也无法做到让孩子什么都不触摸，结果是纸被撕了，书被毁了，花被揪下来了，碗里的食物被抓得到处都是，甚至监护人也被咬了……这些事情发生后父母如何应对，则取决于父母对这些现象的认识水平。智慧的父母会平和地处理这些"事故"，而不明其理的父母则会简单而粗暴地对待孩子，而这会对孩子的心理发展产生不利影响。

任性的背后

2～3 岁的孩子，已经开始探索事物与人之间的关系，有这样一个例子：

2 岁多的小米有一把自己常坐的玫红色塑料小椅子，有一天她的爸爸修理东西，顺手挪过这把椅子坐了上去，但是因为爸爸有点重，不到两分钟，椅子的一条腿就折了。小米看见自己的椅子瞬间被毁，伤心地大哭起来，一直不解地问："我的椅子怎么会这样呢？怎么会这样呢?"

在小米的世界里,她的椅子无论如何是不会坏的,她不能理解这把椅子的受力程度,更不能理解为什么爸爸一坐就坏了。还有一个这样的例子,对家长会更有启发性。

一个小孩在自家的饭桌上,因为要保护一条烧好的鱼的完美"装饰"而遭到了误解。当父亲要把鱼分成块夹给爷爷奶奶吃的时候,孩子急了,把鱼护了起来,爷爷奶奶索性就不吃了。很没面子的爸爸把儿子痛骂一顿,爷爷奶奶走时也叮嘱爸爸别惯坏了孩子。

这个问题的关键在于,孩子还不能理解为什么要吃掉像艺术品一样的菜肴,而父亲对孩子的痛骂非但不会让孩子理解自己对"美好"的保护有什么错,还会给孩子留下心理阴影。还有一个例子更能帮助父母在更深的层次了解孩子的特质,反思自己的行为。

2岁多的孩子第一次尝试帮助父母开灯,但是因为开关有点高,他够不着,于是孩子就非常沮丧地大哭起来。这时,父母拿了一个凳子来帮助孩子。但是,执拗的孩子不接纳这个方法,仍然大哭,因为他还无法理解自己为什么够不着,而成人可以。

在这种状态下,如果父母因为帮孩子提供了解决的办法却不被孩子接受而生气,就会影响到孩子这一阶段的发展。孩子之所以会大哭不止，是因为他们全身心投入的探索遇到了挫折，他们想用自己的方式找到答案。父母如果看不到这一点，只会对孩子"不领情"的行为感到生气，或者对孩子发很大的脾气，孩子也会因此变得懦弱，或不敢对自己受挫的心情进行表达，从而影响到人格的健康发展。

案例一

一个小女孩的妈妈用的护肤品很贵。一天，妈妈午睡后走进浴室一看，天哪！她的昂贵护肤品全都被孩子精心地涂在了洋娃娃身上。这个妈妈简直要气昏了，抓起孩子的手打了几下，让孩子站到阳台上去反省。

这个孩子后来拒绝妈妈给她用任何护肤品，她觉得把这些东西抹在脸上很不应该。这个孩子显然是由于被妈妈打手之后受到了某种程度的惊吓，不敢再使用或触摸这些被妈妈认为是不能动的东西。如果引导不好，她在探索别的事物时，也会表现得唯唯诺诺。

案例二

一个小男孩的爸爸是收藏迷，收藏了很多木质的小飞机，有些是他自己童年玩过的，有些是从国内外买来收藏的。有一天，爸爸在书房给客人展示完这些"宝贝"后忘了收起来，就到客厅与朋友聊天去了。到了晚上，爸爸回到书房一看，他的这些"宝贝"要么被拆散了架，要么被泡在了水杯里……爸爸冲进儿子的房间就要发作，却被妈妈及时拦住了。

　　妈妈把能修复的小飞机修复了，把已经毁掉的小心翼翼地收了起来，准备在孩子长大后再拿给他看。后来，这个好奇心被父母保护得很好的孩子上了中学后成了航模爱好者，而且在比赛中获得了很好的成绩。这个时候，妈妈把他小时候毁掉的小飞机拿出来让他看，爸爸在这一刻对妻子当年的阻拦心悦诚服。

　　以上两个案例充分说明了不同的处理方法对孩子心理和人格成长的影响。幼儿在0～3岁的成长阶段，大部分时间都离不开对物的探索，以及由物发展的对他人、对自身的探索。这个阶段的探索看似简单，却有着它的价值和意义。会保护孩子探索精神的父母，其实是保护了孩子的好奇心。这之后，孩子的探索随着敏感期的变化而不断深入，逐渐发展到语言、色彩、逻辑、情感、人际关系、数学、绘画、音乐、语言符号、书写等方面。

　　如此多的重要探索随着孩子的成长相伴而来，作为父母，如果我们了解了这些阶段的探索内容及原因，就千万不能在孩子探索事物的初始用成人的视角和标准来打断和阻碍这些探索，我们需要更新自己的观念，和孩子一起认知，一起发现事物背后的乐趣，帮助孩子在人格和心理上得到健康的发展。

Tips

作为父母，我们不能在孩子探索初始用成人的眼光和标准来看待，而应陪孩子一起发现探索的乐趣。

哭闹都是无厘头吗：如何分辨情绪

　　父母都喜欢整天乐呵呵的孩子，但是别忘了，孩子是带着哭声来到这个世界的，那一刻，被称作他们"与世界交流的最重要的机制"。随后，婴幼儿的哭声作为一种常态伴随着他们每天的生活，科学家们曾经研究过婴幼儿不同的哭声表达的不同情绪：生气、痛苦、饥饿，等等。成人面对婴儿因生理原因的哭泣，如渴、冷、热、疾病等，一般在弄清了原因后都容易应对，而对心理上的原因，在应对上往往会有一定的困难。

　　首先，父母需要知道的是，孩子从 2 岁起会出现非条件反射性的情绪状态。这些情绪状态不是由于生理原因而产生，而是出于心理因素。2 岁的孩子已经逐渐产生出自豪、羞愧、内疚、嫉妒、骄傲的情绪，这些情绪反映出的依然是自我意识。

　　需要父母特别注意的是，刚 2 岁的孩子，受语言的限制，还不能特别清晰地使用情绪词汇，比如用"害怕""伤心""开心""难受"等词语表达自己的心情。这个时候，父母面对孩子经常有的哭泣行为难免会心情烦躁，指责不免多于问询和开导。如果父母处理不当，常对孩子斥责相加，对孩子情绪的引导只能起到负作用，这对孩子的心理和人格的成长都非常不利。

当孩子用情绪模仿"要挟"父母时

在2岁孩子的情绪世界里，哭是非常正常的现象。我们经常可以看到，当孩子的某一需求没有得到满足时，孩子通常都会大哭，而这个时候特别考验父母的定力。有的父母不去满足孩子的无理要求，他们会让孩子哭上一会儿，而当孩子发现哭没有用的时候，也就自然不哭了。

但是大多数父母在面对孩子的痛哭时就没有那么镇定了，常常是孩子一哭就满足孩子的各种要求，而孩子得了这个法宝以后就会常常以哭来要挟或控制成人，这种现象被育儿专家称为"情绪模仿"或"情绪表演"。还有一种情况是，孩子常有的撒娇也是在学习情感表达，只不过孩子还没有学会用成人最容易接受的方式，如协商、等待。

当孩子出现分离焦虑时

"分离焦虑"这个词相信很多父母都不会陌生，它通常是针对2岁以后的孩子而言的。儿童心理学研究发现，孩子在2岁前，大脑中妈妈的形象还没有清晰到非常强烈的程度，如果妈妈离开，孩子的情绪会在瞬间做出反应，比如哭闹，但是他们很快就会复原。然而对于2～3岁的孩子而言，妈妈的形象已经植入脑海，即心理学上的"永久客体的认知"，因此当孩子发现妈妈离开时，就会产生强烈的离别焦虑情绪。

这种情绪多发生在这两种情况下：一是妈妈要重返职场，把孩子留在家里让别人照顾，从而打破了孩子每天24小时和妈妈共处的规律；二是一些家庭的妈妈既不具备自己在家照顾孩子的条件，也不具备让长辈帮助看护的条件，于是让2岁多的孩子进入幼儿园托班，这种现象现在已经越来越普遍。

这两种情况的分离焦虑对妈妈和孩子来说都是一种挑战。如何帮助孩子渡过这道心理关，关键要看妈妈对分离的理解。从情感上讲，无论是把孩子留在家里，还是送去入托，妈妈们一开始都会是难以割舍的；但是妈妈们必须要明确，分离也是一种需要，不必陷入一种极度的痛苦之中，如果你有这样的情绪，那么这种不良信息肯定会传递给孩子，从而加剧孩子的分离焦虑。孩子如果长期不能摆脱分离焦虑的情绪，也会不利于其长大后对自我情绪的管理。如果妈妈们能把自己的情绪把控好，相信孩子在离开自己后也会很开心地与看护者相处，孩子的分离焦虑就会减轻不少。

案例一

2岁半的星儿有一天醒来后发现妈妈不在身边，哭着找了妈妈半天。照顾她的保姆是个性格很开朗的人，加上姥姥也在身边，家里的氛围没有因妈妈的离开而变得异样。星儿在保姆和姥姥的陪伴下很快恢复了平静，像往常一样玩耍。可是她的妈妈呢，还不能从情感上接受和孩子的分离，在单位上班的时候，还忍不住偷偷掉眼泪！

这样的妈妈就需要尽快调整好自己的情绪，回家见到孩子时千万不要流露出不佳的情绪，并且在家里要保证整个家庭的愉快氛围。在这种环境中生活的孩子，很快就能够面对分离焦虑，也会迅速地适应新的看护人。

案例二

生活在澳洲的6个月大的家宝被父母送进了每周只去三天的托儿所。第一天，面对陌生的环境和陌生的老师，小家宝整个上午几乎都在哭，而且哭得呕吐。

托儿所并没有因此给家长打电话，因为这样的情况太普遍了，尤其是在孩子入托的第一天。小家宝的妈妈心理素质非常好，在自己的工作岗位上没有任何的异常情绪。隔天再送小家宝入托时，小家宝的情绪显然比第一天好许多，他已经不再哭了。仅过了一个星期，小家宝就喜欢上托儿所了。

之所以选用这个特殊的案例，是希望让妈妈们看到小家宝妈妈非常理性的一面，正是因为妈妈的理性，半岁的小家宝才能如此之快地融入托儿所。

当孩子出现极端情绪时

2岁孩子的非条件反射性情绪的来源主要有以下四个方面：首先，在1～2岁的秩序敏感期，如果孩子内在的秩序感不能被成人理解，孩子就会闹情绪；其次，孩子在与父母互动时发现不被理解，但又对此非常不认可，这会在孩子心里产生很大的不愉快感；再次，孩子想要达到的目标没有达到，但他自己并不理解达不到的原因，因此也会使孩子感到很恼火；最后，客观发展环境不能满足孩子成长的需求，这会造成孩子在心理上的不适。

以上几种情况在2岁孩子的生活里经常出现，父母们要时刻提醒自己，孩子再小，也是一个活生生的生命体，这个生命体在成长中不可避免地要遭受困惑和烦恼。在一个孩子尚未走出"以自我为中心"的阶段之前，所有的情绪反应都是成长带来的，父母们不必特别着急，更不必崩溃。只要了解了孩子在这段时间情绪的特征和规律，就可以帮助孩子度过情绪的关键期，然后以非常自信的态度和孩子一起去迎接下一个情绪关键期的到来。

第 *4* 章

父母育儿的交锋问题

——育儿困惑

要不要让自己的孩子背诵经典？要不要提前让自己的孩子入托？……

2岁孩子的父母面对社会上的流行之风，也会遇到自己的困惑。是盲目跟风，还是坚守你内心的选择？这需要你综合考量，权衡利弊，做出智慧的决定。

要不要让孩子背诵经典？

现象描述：

鼓励幼童诵读经典在很多大城市早已成为普遍现象，社会上出现了教育机构专门设立的读经馆，甚至还有专门打出"国学"牌的主题幼儿园。在出版物中，为幼儿编写的国学经典类丛书和有声读物也是各式各样，它们无不在强调规范言行、培养人格、启蒙智慧等。在市面上常见的读物有《论语》《孟子》《礼记》《大学》《周易》《道德经》《三字经》《弟子规》，等等。

　　"读经"现象兴起后，反对的声音也随之响起，很多教育工作者并不赞成这种做法。作家流沙河撰文称，《弟子规》这套"旧东西"面对现代社会是没有用的。流沙河在文章中澄清了"国学"的含义和人们长久以来对它的误读。

争议焦点：

　　要不要让刚刚开始学习语言的孩子诵读经典？反对者认为，这种死记硬背的方式破坏了孩子的想象力和创造力；赞成者认为，死记硬背和经典背诵是两个完全不同的概念，经典是经过时间检验留下来的"好东西"，不是考试要用的标准答案。创造力和想象力的培养也要建立在对"好东西"认知的基础上，一个两三岁的孩子，虽然还不能完全理解他诵读的是什么，但是他已经可以开始接触"好东西"了，如果连接触的机会都没有，谈何创造力和想象力？

选择什么样的经典？

　　应该选择什么样的经典给低幼阶段的孩子来读？一种比较成熟的观点认为，应先为孩子选择文学性强的经典作品来诵读，一些思想性强的、承担规范行为和道德意识层面的经典最好等孩子稍大一点再去接触。这样做是因为我们必须尊重儿童的认知心理发展，正如杜威所言，"儿童的世界是一个具有他们个人兴趣的世界，而不是一个事实和规律的世界。儿童世界的主要特征，不是与外界事物相符合这个意义上的真理，而是感情和同情"。

因此，选取文学性强的作品比选取思想性强的作品让孩子诵读更贴近儿童的认知规律，比如《诗经》里的《关雎》《蒹葭》《桃夭》《子衿》等。它们读起来朗朗上口，适合在孩子睡前或者在孩子心情好时由家长读给他听，可以每天反复几次，把这种经典诵读当作孩子日常生活的一部分。

2岁多的囡囡第一次接触文学作品时，她的爸爸特意选了《诗经》里的《关雎》，但不要求女儿会背，只要求女儿听他诵读。没想到没过多久，女儿就自己背出来了，而且非常开心。于是囡囡爸爸又选了另一首曹操的《短歌行》，总共32句，经常念给女儿听。有一天，这首诗被女儿全然地背了出来，丝毫没有负担。囡囡3岁时有一次坐火车，看着车窗外的云彩就说："看，孤云独去闲。"她已经能把自己知道的诗中的情境与现实关联了，多么有趣啊！

这样的熏陶丝毫也不刻意，自然而然，无意栽花。让优美的诗句，深沉的情感伴随孩子长大，不但会刺激孩子语言的发展，还会在孩子心灵深处留下印记，对于心智和性情都是一种很好的滋养。

Tips

陪孩子自然而然地诵读优美的诗句，不仅能促进孩子的语言发展，而且能滋养其心智和性情。

让诗的语言伴随孩子长大

好的文学作品有益于孩子气质和情商的培养，"腹有诗书气自华"，这是一个潜移默化的过程。孩子是一张白纸，无论他是在念"小白兔白又白"，还是在念"蒹葭苍苍，白露为霜"，他都会成长，但是作为父母，为什么不能选一些优雅的"好东西"给孩子呢？可以不要求他会背，念一念也是很有趣的。叶嘉莹在《给孩子的古诗词》一书中，选编的第一首也是唯一一首出自《诗经》的诗就是《秦风·蒹葭》。这位90多岁的老人一共给孩子们选编了218首古诗词，其中诗177首，词41首，编选的原则就是适合孩子阅读的兴趣和能力。

给孩子念古诗、念童谣，有助于他们对母语的认识和体验。如果父母们实在抽不出时间，也有个补救的办法，那就是在孩子玩的时候，把你没有时间读给他听的诗词、歌谣在这个时候用录音放出来，让他去听。比如《声律启蒙》中的"云对雨，雪对风，晚照对晴空。来鸿对去燕，宿鸟对鸣虫"，再比如《笠翁对韵》中的"天对地，雨对风，大陆对长空。山花对海树，赤日对苍穹"。这些词句多么美，多么有韵律，小孩子听多了，自己就会跟着念起来，这样的启蒙非常重要。

经典童话是极佳的选择

经典的童话故事也可以通过有声读物来聆听，比如《红蜡烛和人鱼姑娘》《糖果屋》《绒布兔子》《快乐人的衬衫》《自私的巨人》等，都可以作为孩子睡前的读物。这些童话故事语言优美、情节感人，孩子从中不仅可以体验语言、学习词汇，还能与故事里的人物产生情感上的共鸣。

一个3岁的小女孩在反复听了童话故事《红蜡烛和人鱼姑娘》后，居然即兴编了一个新版《人鱼姑娘》，语言流畅，情节跌宕，十分有趣。

"有一天，在一个大森林里，住着一个人鱼姑娘，人鱼姑娘在蜡烛上不停地画画，老爷爷感到特别地高兴，老奶奶不想让她画，她就出去玩。在玩耍的地方，有个商人从很远的地方来，看谁要去南方的国家。人鱼姑娘去了之后，待了一小会儿，突然变成了一个风浪，风浪又变成了人鱼姑娘，这是怎么回事呢？人鱼姑娘就钻了一个小洞出去了，那个洞太矮小了，不适合人鱼姑娘，人鱼姑娘这么高，怎么适合小洞洞呢？后来有个特别大的洞，人鱼姑娘就可以钻进去了。

商人把人鱼姑娘扔进了垃圾桶，人鱼姑娘待了一会儿就想出去，因为垃圾桶闷得不行，后来她就想了一个办法出去了。人鱼姑娘回到了小镇上，突然老奶奶就没了，老爷爷还在人鱼姑娘的身边。人鱼姑娘一直在蜡烛上画画，后来呀，她就走了，她去找老奶奶了。可是老奶奶上山去拜神了，那个山摇摇晃晃，山下有人，老奶奶就下来了。人鱼姑娘还在老奶奶身后呢！人鱼姑娘最后变成了加斯顿了。

下次再讲人鱼姑娘变成加斯顿以后怎么办了。"

让诗一样的语言伴随孩子长大，是需要父母用心的。一位妈妈写道：

《给孩子的古诗词》编得真好，正如编者所言："不是出于追求学问知识的用心，而是出于古典诗词中所蕴含的一种生命对我的感动和召唤。"女儿快3岁了，我把这本书送给她，我慢慢给她念，她慢慢去听。总有一天，她会从诗中领悟到古代伟大诗人的心灵、智慧、品格、襟抱和修养。这个过程对我自己也是一次回炉，诗教不能只对孩子，也要对自己。做父母的投入了，孩子也会投入。

从以上的案例可以看出，孩子对于语言的掌握和使用是非常迅速的。作为父母，如果能经常读好的文学作品给孩子听，并坚持让孩子自己去听，每天抽时间给孩子讲故事，甚至和孩子一起扮演故事中的角色，都是很有益处的。而给孩子念诗，需要的不仅是时间，更重要的是心境。

Tips

忙碌了一天，如果有可能坐下来，重拾年少时背过的经典，对自己、对孩子都是一件好事。

该不该让孩子接受早教？

现象描述：

在大城市，早教机构进入我们的生活已经成为常态，一些父母选择早教来开发孩子的智力，甚至几个月大的婴儿也被抱进了早教的课堂，早教在一些家庭成了孩子进入幼儿园之前的"预备学校"。一些早教机构会开设英语、艺术、运动、音乐类课程，尽管采用的基本都是游戏的上课方式。

争论焦点：

要不要在孩子0～3岁时开始正规的、介入式的、有课程规范的早期教育？有人认为早教就是对孩子进行智力开发，给孩子一些知识或技能的教育；也有人坚决反对在这个阶段让孩子开始学习，比如识字、学英语、学习绘画等，主张在正式受教育前以玩为主，甚至对孩子也可以采取完全放养的方式。

早期教育的核心是高质量的互动

哈佛大学心理研究中心曾经做过一个非常著名的实验——"无表情实验"。实验开始，孩子和妈妈自然地互动，互动了一会儿后，妈妈转过身去，再看孩子时，孩子的面部已经没有表情了，而且很快陷入了焦虑。这个实验表明，孩子需要和看护者经常互动，如果没有互动，后果会很严重。

上面这个实验的结果进一步强调，对于0～3岁的孩子来说，重要的不是词汇量的掌握，而是持续性的回应和有质量的互动。回应对很多父母来说，似乎不是问题，除非是那些回到家还要忙的父母，有时可能会存在对孩子缺乏耐心或根本没有太多时间来回应孩子的各种问题的状况。但是要和孩子之间形成高质量的互动，却不是每个父母都能做到的。

高质量的互动在前文已经涉及，它意味着高质量的陪伴，包括游戏化的方式、情感的投入、一定量时间的投入、稳定的情绪，它对父母的要求是比较高的。

Tips

早期教育不能等同于知识教育，因此它的核心在于互动，而不在于教育。

早教不在于场所，在于与孩子互动的人

有一段话，出自美国圣文森特学院罗杰斯儿童研究中心，读来令人

警醒。"我们日复一日地给孩子喂饭、换尿布、穿衣服、安排游戏、擦眼泪，在这样平凡的生活和工作中，我们有时会淡忘自己的重要性，特别是在受我们照顾教育的孩子的生命中。"这段话给孩子的看护者提出了一个很严肃的问题——我们除了照料，还要给孩子什么？

美国的早期教育理论鼓励家长和孩子多说话，并且对此进行过跟踪研究。科学家们在孩子身上戴了一个监测器，结果发现，中上层家庭的父母在孩子0～3岁时比下层家庭的父母对孩子多说了3000万个词。科学家们认为，这才是真正的起跑线。这与我们说了多少年的"不要让孩子输在起跑线上"的实质有着多么大的差异！

如果有的父母已经给孩子选择了早教课，同样的跟踪研究证明，师生互动的质量是影响孩子认知、情感发展的重要因素。因此，孩子的早期教育不在于非要去"高大上"的早教场所，而在于与孩子互动的是一个什么样的人。

幼儿内在的成长是关键

当我们很多做父母的认知还停留在早期教育要开发孩子智力的时候，科学研究发现，就智力而言，幼儿的智商差异不大，即便有些幼儿受过早教的训练，进入到小学后的优势也是短暂的，他们的优势要到几十年后才会显现。追踪研究发现，这些优势主要体现在行为情绪自控和学习动机两个方面，远远超过已有的认知能力。于是又一个重要的结论可以得出，早教带来的最大影响是对情绪行为自控和学习动机的影响，而非对认知的影响。

这个结论正在纠正人们对早期教育的误读，引导父母们关注孩子内在的成长，而不是知识和技能的单纯吸收。孩子内在的成长也就是人格的打造，这是孩子一生的基础。它主要是指孩子在情绪方面的控制力，包括学会耐心等待、受到挫折后不气馁、能与他人讨论、正向表达自己的情绪。什么样的早期教育能把孩子引向这样的成长呢？这种能力首先要来自父母自身，也来自父母在早期受到的教育。

在孩子生命的早期阶段，大脑的活跃程度是成人的两倍。神经科学和早期儿童的发展也已证实，孩子生命中的头几年受到了怎样的"教育"，对他们的性格、社交、肢体、情感以及认知发展会有重大的影响。这种教育的主导者应该是父母自己，拥有这样能力的父母，往往是对教育有着深刻理解的父母，只有这样的父母才能帮助自己的孩子完成内在的成长，使孩子在生命早期接受的教育让他们的内心一点一点变得日益强大。

2岁入托到底好不好？

现象描述：

孩子2岁了，有这样一些家庭，父母都是年轻的白领或是为生活奔忙的蓝领，而双方的父母又因为各种原因不能帮他们照料下一代；也不乏一些在城市打工的年轻父母，为了让自己的孩子受到更好的早期教育，把孩子从自己原来所在的农村或城镇接出来，在大城市的托儿所入托，而此前，孩子通常是和老人生活。无论是什么前提，孩子在2岁就要离开看护者开始幼儿园的托班生活，有些父母心里没有底，不知道这样做对孩子是好是坏？

争论焦点：

支持孩子2岁入托的父母认为，这样可以早一点培养孩子独立生活的能力，让孩子养成良好的生活习惯，摆脱对父母的依赖；反对者认为，2岁的孩子还没有自理能力，如果过早地离开看护者的照顾，对安全型依恋的培养没有好处，可能还会给孩子的心理留下阴影。

Tips

2 岁入托存在的利弊并不是绝对的，父母要根据自己的实际情况，综合考虑，权衡利弊，做出利于孩子发展的决定。

2 岁入托没有绝对的利弊

刚满 2 岁的孩子，还不会用完整的语言表达自己，有的还不会控制尿便。2 岁就进幼儿园的托班，有很多父母会比较担心：担心孩子的一日三餐，担心老师会照顾不周，担心孩子被人欺负还说不清楚，担心孩子会因不适应环境而生病……总之，让 2 岁的孩子离开看护者到一个新环境中去，父母是要下一番决心的。

父母最为纠结的是，如果让这么小的孩子离开家人，是不是弊大于利？但是如果不把孩子送去托班，又没有人帮自己照顾孩子。2 岁甚至更早入托在 20 世纪 50 年代至 70 年代都是存在过的现象，那时的很多单位都有托儿所，为了解决双职工的后顾之忧，很多小孩都在托儿所生活。当然那时候的条件是无法和今天相比的，托儿所的保育员也和今天的幼教工作者不同。

从有利的一面讲，孩子离开父母，生活习惯的养成、纪律的约束感、规则意识的建立和独立性一定都会比较强。从不利的方面讲，过早入托会使亲子之间的互动减少，家庭对孩子的影响力会减弱，孩子们受父母耳濡目染的方面也会相对减少。

第三部分

创建充满魅力的"2岁"家庭

第1章　2岁孩子生命起航的加油站

第2章　在和谐的交响曲中起舞

第3章　让家永存于心

第4章　感受家庭的真正魅力

家庭对于婴儿来说是生命的摇篮，而对于幼儿而言，它更像是一艘即将起锚的航船。这艘航船是孩子赖以生存和发展的重要空间，用什么理念打造，用什么材料筑成，需要考虑什么细节，全在于打造它的家庭自身，这是为人父母在完成生命创造后的又一个大工程。

第 *1* 章

2 岁孩子生命起航的加油站

如果说人生就是一次航行，那么对 2 岁孩子的父母来说，如何才能帮助 2 岁的孩子踏上生命之旅呢？

家庭是孩子的第一所"学校"，父母是孩子的第一任"老师"，家庭教育的成功与否，必将成为孩子生命起航的关键。

家庭是什么

家庭是 2 岁孩子的真实童话

家庭对于 2 岁的孩子来说，就好比人生之初的一个活动舞台，这个舞台上有很多真的布景——客厅、卧室、书房、厨房、卫生间、阳台、儿童房……每天在舞台上来来往往的核心人物，便是家庭成员们。

2 岁的孩子在这个无比真实的世界里已经度过了最初的生命之旅。起初，他是在婴儿床里，躺着看这个世界，父母的表情模糊不清，但声音和味道已经变得越来越熟悉。那时的他，还没有能力分辨天花板上的颜色和在自己耳边回荡着的一些声音，但是这个真实的世界就这么来了，一天比一天清晰，一天比一天形象。

再后来，他扶着这面带有花纹的墙壁学会了走路，迈出了人生的第一步；他坐在这个原木色的宝宝椅里，学会了自己把食物送进嘴里；他在这张婴儿床上第一次告别了尿不湿；他在这样一个满是书的书房里，学会了第一首诗；他坐在这个沙发上看完了平生第一部动画片《花园宝宝》；他坐在爸爸妈妈买回的这张儿童椅上第一次打开了绘本；他坐在这只小马桶上独立地完成排便；他趴在玻璃窗前看厨房里的妈妈做饭……

他眼前这个越来越清晰和形象的空间是什么？正是家庭！这个温馨的空间构成了孩子内心世界真实的童话。他在这个童话世界里开始了真实的生活，正如他们稍大一点儿就喜欢做的"过家家"游戏一样，他会把真实感受到的过程以家庭生活的模式演绎出来，他会扮演父母，给孩子换尿布、做饭、洗衣服，犹如真的登上了人生的舞台。

对 2 岁孩子的父母来说，这个又长大 1 岁的小人儿给家庭带来的变化也是超乎想象的。这个小人儿每天一听见门响，就知道爸爸或妈妈回来了！他会在门口等着为父母拿拖鞋，而不总是需要父母帮助他；他会高兴地跳进父母的怀里扭几下屁股就下来，而不会像小婴儿一样总让父母抱着；他还会在饭前帮父母摆碗筷，有时还会抢着做很多不会做的事情……当然，他们也会闹情绪，也会调皮捣蛋，也会大声哭泣，也会有很多很多想法和要求……比起以前，家中有了更多的生气和喧闹声；家中每个角落里，都是他玩乐留下的痕迹——散落的玩具、一地的绘本、墙上的涂鸦，到处都是2岁孩子的气息，犹如一直在演奏着的交响曲。

家庭是2岁孩子感受世界的原点

孩子对世界的感受是从家庭开始的，对世界的触摸也是从家庭开始的，因为这是孩子出生以来最为熟悉的居所。无论这个居所是大还是小，家庭在2岁孩子的眼里总是明亮的；无论白天还是黑夜，家庭在2岁孩子的眼里都是安全的。对他而言，家庭在每个时刻都有不同的功能：清早，妈妈在厨房里做早饭，爸爸在客厅里打开电视听新闻；傍晚，无论爸爸妈妈谁先回家，第一个动作总是探头寻找孩子的声音；晚上，他和爸爸妈妈一起用晚餐，房间里一派温馨……

无数个夜晚，妈妈无论多忙多累，都会帮助2岁的孩子洗澡、吹头发、换上干净的睡衣、陪孩子入睡、讲故事，一遍不行再讲一遍……就这样，直到孩子睡着，妈妈也快睡着了。但是，妈妈总有做不完的事情，孩子睡着后，妈妈会接着收拾玩具、打扫房间、洗衣服，她总是最后一个才睡。

很多时候是爸爸妈妈一起陪着 2 岁的孩子做游戏、出去玩，但更多的时候还是妈妈的陪伴多一些，尤其是在爸爸出差、加班、开会的时候……妈妈几乎是 2 岁孩子全部的世界。很多 2 岁孩子对妈妈的感受似乎要比爸爸更多一些，当然男孩和女孩由于性别不同，敏感度和关注点自然也有所不同。

在 2 岁女孩星星的心目中，妈妈所做的一切似乎就是她未来要做的一切。有一次，星星爸爸把一条裤子拿给妈妈，让妈妈缝一下扣子，当妈妈缝针时，星星特别认真地说："我长大了也要缝针。""给谁缝呢？"妈妈问。星星说："当然是给我的孩子呀！"妈妈的形象就这样深入星星的内心，甚至连妈妈常对她说的话，星星也说在将来要说给自己的孩子听。与此同时，爸爸的形象作为另外一种感受也会深深地植入孩子的内心。有一次星星的爸爸出差了，星星非常想念爸爸，她坐在床上说："我爱我的爸爸，可是他还要上班，我一天也不想和爸爸分开，我希望爸爸妈妈每天都在家里和我玩！"

在很多 2 岁男孩的心目中，爸爸陪伴自己的时间虽然没有妈妈那么多，但是爸爸也是自己心目中的偶像。

飞飞的爸爸是一名外科医生，飞飞知道爸爸的手里有一把神奇的小刀，可以帮助很多人。飞飞觉得爸爸聪明得像国王，于是也很想变成爸爸那样的人。

与此同时，家庭对于 2 岁的孩子而言，好比一只小鸟和鸟巢的关系，如果小鸟出生后，没有一个能栖息有鸟妈妈陪伴的鸟巢，这只小鸟会陷入极大的不安全之中；而没有了安全和物质的保障，小鸟很难存活。家庭是安全的，孩子对世界的感觉才会是安全的。

好习惯的养成始于家庭

对于 2 岁的孩子来说，所有良好习惯的养成无不始于家庭，比如生活方面的习惯，具体到卫生习惯；比如学习方面的习惯，具体到阅读习惯；再比如待人接物的习惯，具体到与同伴相处、与成人的互动关系。

当很多父母抱怨孩子没有养成好习惯的时候，这个重大的责任一定不在孩子，而是在父母自身。2 岁的孩子已经具有非常强的模仿能力，每天在家庭中看到的一切，尤其是父母的言谈举止，都将成为孩子行为的模仿对象。

2 岁的小男孩多多出生在一个知识分子家庭，他的父母酷爱读书，结果这个孩子对文字的敏感度就比同龄的孩子早了许多，逢字就问，过目不忘，4 岁时已经能阅读简单的绘本故事了。

举这个例子，目的不是要极力推崇孩子早识字，而是想用这个例子说明父母行为对孩子的影响有多大。

家庭影响孩子的人格养成

我们来看看家庭对孩子人格的影响。北京师范大学高玉祥教授在大量实证研究的基础上指出，父母对孩子的态度是孩子人格发展的重要基石，贯穿在孩子全部的成长过程中。

表 4：父母态度与孩子人格关系简表

父母的态度	孩子的人格
支配的	○消极、缺乏自主、依赖、顺从
干涉的	●癔症、神经质、被动、幼稚
娇宠的	○任性、放肆、幼稚、神经质、温和
拒绝的	●自我、显示冷漠、狂暴
不关心	○攻击、情绪不安、冷酷、自立
专横的	●反抗、情绪不安、依赖、服从
民主的	○合作、独立、坦率、社交

注：本表摘自孙云晓、卜卫主编《培养独生子女的健康人格》，天津教育出版社，1999 年。

人格教育在今天的大环境里显得格外重要，在现实中有两种现象非常突出：一是很多父母把和孩子相处的时间交给了社会机构；二是因为工作繁忙无暇和孩子相处，把孩子交给保姆或是长辈看护。父母在有限的时间里无法影响到孩子的人格成长或者引导不得当，孩子在人格方面受到的教育就会大打折扣。

传统的经典教育理念非常强调母亲对于孩子人格的巨大影响。今天的研究表明，父亲缺位对孩子的影响则会更大。有一个家庭，孩子从出生起就很少见到父亲，因为父亲经常在外奔忙，孩子即便是见到父亲，父亲也总是在和人打电话、在电脑前处理工作。这个孩子后来在人格上的表现正如表中"不关心"那一栏标示的那样，对外界总是带有一点攻击性和破坏性。比如看见东西会踢，给他一张纸让他画画，画完后不是撕了就是揉了；情绪经常很不稳定，过早地表现出很独立但是又很冷漠的一面。尽管孩子的母亲非常温柔，但是父亲缺位造成的结果已经难以挽回。

因忙于工作而忽视了孩子的存在是一方面，父母让孩子的大部分时间都在家庭之外的社会机构中，也会产生很大的隐患。

朵儿2岁了，虽然有妈妈陪伴照顾，但是因为妈妈在育儿方面缺乏自信，因此把对孩子的早期教育寄托于社会上的早教机构。为了让孩子的大脑得到开发，朵儿妈妈同时给孩子报了三个早教班：运动方面的、艺术方面的、语言启蒙方面的。

朵儿妈妈带着孩子穿梭于各个教育机构，经常一整天都在外面用餐，孩子的家庭生活变得支离破碎，父母对孩子正面的影响也难以传递。有一段时间，朵儿一回到家就变得很烦躁，说家里不好玩，没有滑梯，没有沙坑，没有旋转木马。后来，朵儿到了幼儿园，被查出患有轻度的注意力障碍。究其根源，与她早期的家庭功能不健全有关。如果朵儿妈妈能早些意识到她的教育理念存在偏颇，就不会是后来这样的结果。

孩子价值观的形成由家庭主宰

一个孩子在家庭中受到的综合影响，决定着他未来的价值观和价值取向。虽然 2 岁的孩子还未涉及价值观的教育，但家庭已有的价值观早就存在于家庭生活当中了。

父母的朋友圈是什么层次的，会让孩子在家庭聚会中有所感知；家里的吃穿用度，是奢侈浪费型的还是勤俭节约型的，也会让孩子受到最直接的影响。不同的家庭秉承着不同的价值观，父母给子女什么样的训诫，就会引导孩子形成什么样的价值观。例如，盖茨家族认为，留给孩子巨额资产势必阻碍他成为创意性人才，富家子弟也不可娇生惯养。

个体的价值观和信仰密切相关，而很多中国家庭在价值观的传递上，早已出现了困境。传统文化的丢失和信仰的无力，使得很多家长在教育孩子时感到力不从心。很大程度上，是因为家长自己在信仰问题或价值取向上不够强大，才使得"代沟"问题长期存在。反过来，在一个家庭中，父辈的信仰和价值观难以传承也不能简单地怪罪于上一辈人，因为这与社会大环境也有一定的关系。今天，当我们试图从传统文化中寻求解决办法时，也并非可以一次性解决所有的问题，这对家庭尤其是父母来说，的确是非常大的挑战。

家庭要坚守的重要原则

一个孩子尽管无法选择出生在什么样的家庭，但一个有责任的家庭，必须要知道作为一个家庭需秉承的原则。因为家庭的给予是帮助孩子最终完成社会化的给予，甚至比知识和技能的学习更重要。一个人未来走得有多远，起决定作用的不是知识，而是受家庭影响而坚守下来的原则。

在家庭中教孩子学会爱

爱是生命的哲学，贯穿于每个人的生命长河中。无论什么国度，什么种族，什么文化修养，无论富有还是贫寒，爱都是每个人必修的功课。在家庭中，一个幼小的孩子从生命之初就在感受爱：隔辈之爱，父母之爱，手足之爱……正是由于有爱，生命才变得有意义、有价值。

2～3岁的孩子对父母传递出的爱非常敏感。妈妈常用语言对孩子表达爱，她会经常说："妈妈的亲，妈妈的爱，妈妈的宝贝，妈妈的乖。"有一天，孩子突然就说："妈妈，我长大了，有了孩子也对他这样说。"于是，她接着就把妈妈常说的话认真地重复了一遍。

相反，宠爱、溺爱也都是爱，如果父母给了，一个幼小的孩子怎么能够拒绝，他还没有分辨的能力，他得到了这样的爱，会不会在成人以后把宠爱和溺爱再给自己的孩子？这种可能不是没有，因为他对爱的感受决定了他的行动。

了解什么是真正的爱，知道如何爱人爱己，决定了一个人一生的幸福。在一个家庭中，尤其是对父母而言，没有人会承认自己不懂得爱子女，但爱的结果却是千差万别。有的父母用严厉的爱塑造出了脾气暴躁的孩子；有的父母认为"孩子是私有财产"，以"想怎么爱就怎么爱"的专横，塑造出了为所欲为的孩子；有的父母则是用"我永远是对

Tips

孩子在家庭中学习爱的过程，也正是父母需要反思爱的一个过程，如果出现了爱的误区，要做出修正的首先就是父母。

的"的观念塑造出了"倔得像头驴"的孩子。

陪伴的目的是使孩子学会独立

独立是每个孩子离开父母后必须具有的一种能力，而这种能力，最初的学习场所就是自己的家庭。

孩子成长的过程中，会涵盖着无数个独立的瞬间。独立上厕所，独立吃饭，独立穿衣服，独立上街，独立购物，独立做完一顿饭……每一点，每一滴，都需要父母的正确引导和及时提醒。从生活细节上的独立到人格的独立，走完这个过程，孩子已经由幼童变成了青年。

在很多家庭，独生子女在成长的过程中很多事情都由父母包办代替，特别普遍的现象是，一到放学时，孩子的书包一定是第一时间被接他的父母或长辈移到自己手里，小孩子在前面大摇大摆地走着，长辈们在后面颠颠地跟着，好像这是天经地义。

很多孩子在家里不干任何家务，因为父母觉得学习是第一要务，洗碗、扫地，连洗袜子、内裤都由大人代办。家长因为怕耽误孩子学习的时间，从小都不让孩子干家务和分内的事情。这样的孩子虽然成家立业后也会独立，但是其独立意识的养成却大大地滞后了。这样的孩子又怎么去真正理解什么是责任感呢？

让孩子在家庭游戏中开启对世界的探索

孩子在成长过程中，有三种必不可少的行为——学习行为、生理行为和娱乐行为。娱乐行为不是简单意义上的玩，而是指能够缓解疲劳、愉悦身心、保证生理和心理健康，建立良好的人际关系以及对社会的认知的一种重要行为。一个有娱乐空间的孩子也一定是一个善于学习的孩子。如果在家庭中学会了怎么娱乐，孩子自我成长的机会也会更多。

2 岁的孩子在进入幼儿园之前，主要的生活内容就是游戏，而游戏无论对孩子的智力发育还是情绪发展都是非常有益的。如果一个家庭能够极大地满足孩子的好奇心，让孩子在家庭游戏中完成对世界持续不断的探索，这个孩子未来的学习能力一定会非常强。

随着年龄的增长，孩子逐渐要完成从游戏到娱乐的过程。也就是说，一个孩子会不会玩与其家庭有关。如果他的家庭成员爱好广泛，敏于行动，把业余生活安排得丰富多彩，这个孩子也会很快地在玩中发现自己的兴趣，发展自己的爱好，自由选择玩伴，使自己的生活变得有声有色。

给 2 岁孩子输出家庭本来的功能

◇ 援助性

任何一个家庭都具有帮助孩子成长的重要功能，因为养育孩子是父母的天职。对孩子的援助有两个方面：物质的和精神的。在物质层面，孩子需要一个安全的、有物质保证的、可以生存和依赖的环境；在精神层面，家庭要引导孩子的身心健康发展。

◇和谐性

和谐性是指一个家庭内部成员的情感关系质量，以及这个家庭与外部世界的关系。家庭内部成员的情感关系体现在夫妻关系、亲子关系、隔代关系以及家族关系上；家庭与社会关系的和谐体现在家庭对社会的理解和责任感上。这些都会潜移默化地影响孩子，进而影响他们社会化的顺利程度。

◇生活性

生活性是指一个家庭的常态，也是一个家庭是否有活力的具体体现。它包含了日常生活的各个方面，而正是这些细微的方面，构成了家庭生活内容的全貌。在正常状态的家庭生活中，孩子直接从中吸收了养分，形成了在生活方面的很多良好习惯；如果是在非常态的家庭中生活，孩子也会受到最直接的消极影响。

在家庭的这所学校里，孩子学到了什么，就会运用什么。那么，这所学校的老师——身为孩子父母的你，为孩子准备了什么课程呢？

给中国父母的建议

　　世界著名的未来学家，享誉全球的《大趋势》作者约翰·奈斯比特及其夫人在 2015 家庭教育国际论坛上给中国父母提了如下建议：

　　◎ 父母既是教育者也是学习者；

　　◎ 没有任何爱比父母给予孩子的爱更重要；

　　◎ 父母不要把自己的梦想强加给孩子；

　　◎ 要创造一种环境促进孩子的创造力；

　　◎ 父母要注意与孩子的沟通和表达。

恢复家庭本来的功能

如何恢复家庭本来的功能

　　毫无疑问，家庭功能的部分丧失与社会变革带给家庭的影响有很大的关系。20 世纪 60 年代，很多家庭对孩子的养育都处在自然状态，很多儿童甚至连幼儿园都没有上过，父母们对孩子基本采取"放养"的方式。在没有什么丰富物质的环境里，孩子反而在大自然中获得了许多乐趣，对家庭生活的记忆也很鲜活。

现在，问题来了：为什么社会越向前发展，家庭的功能不但没有丰富，反而弱化或丧失了？拿日本来讲，自20世纪60年代完成工业革命后，经济迅速崛起的同时也引发出一系列的社会问题，在家庭教育方面，日本社会出现了家庭功能不全的问题。同样，中国在经历了经济快速发展的阶段后，家庭教育所面临的问题中也出现了类似的情况。

如果说这是社会发展的必然，那么这种必然显然已经危害到了教育。如何恢复家庭本来的功能，让家庭教育回到应有的状态，是父母们要思考的问题。而思考这个问题的首要前提就是要重新认识家庭。

家庭是什么？家庭对于孩子有何意义？家庭对孩子的影响有多大？学校和社会机构能否替代家庭？对这些问题的思考和回答，也许能帮助父母们让部分教育回归家庭，使家庭在教育的担当上成为一种力量，而不是虚设。

有这样一个家庭，父母是教育工作者，他们有两个女儿：大女儿即将小学毕业，小女儿在幼儿园小班。大女儿就读的是北京五环外一所普通的公立小学，孩子在学校是全优生，课外兴趣班只报了京剧，而且一直坚持至今。这个家庭没有带孩子补习过任何功课，就连奥数、英语这样的"必修课"也被他们放弃了。

孩子学习的重要场所除了学校就是家庭和大自然，这个家庭做到了在孩子成长的整个小学阶段，凡节假日都出门，父母带着孩子不是去长途旅行就是到就近的自然环境中游玩。夏天，他们会带着孩子去享受没有人工痕迹的纯海滨，孩子们可以在那儿捡到活的生物；冬天，他们带着当时才 1 岁多的小女儿登上了一座海拔很高的雪山。

家庭生活，尤其是父母一起陪伴孩子的生活，在他们看来非常重要、非常珍贵，因此他们没有把时间花费在社会教育机构开设的那些课外班上。这样的做法并不可怕，大女儿在自己真正有兴趣的事情上格外专注，是个有生活品位、举止文雅的可爱女生，并且养成了阅读的好习惯，小学还没毕业就在看《莎士比亚全集》和《百年孤独》。

第 2 章

在和谐的交响曲中起舞

和谐的家庭关系如同一个相亲相爱、配合默契的乐队。在这个乐队里，所有的成员都很在意自己之外的每一个人，在乎他人的感受，站在他人的立场考虑问题，能相互关照，即便出现矛盾，也能圆满解决，不伤害其他人的感情。从这样的家庭关系中走出的孩子，永远都是一抹阳光。

融洽的夫妻关系是孩子起航时的灯塔

　　一个刚满 2 岁的孩子，早上起来沐浴着清晨的阳光。这个时候，他看到父母正在厨房里准备早餐，其乐融融；父母也看到了他，一起对他投来灿烂的微笑。这个孩子的一天就这样从微笑中开始了。

　　相反，一个刚满 2 岁的孩子还在睡梦里。父母在吵架，只见他们越吵越厉害，其中一位夺门而出，门被重重地摔上，发出"砰"的巨响；另一位从后面追上去，继续大吵不止，孩子被吵闹声惊醒，吓得大哭，这个孩子的一天从阴郁中开始。

对于一个年幼的孩子来说，如果有一对相亲相爱的父母，并且这种关系能够恒久，那么即便他以后遇到了大风大浪，父母的融洽关系对他产生的影响也会使他有信心战胜一切，重获力量。其乐融融的夫妻关系如同孩子生命起航的灯塔，闪烁着明亮的光芒，使得孩子即便是在黑夜里航行，也永远不会感到黑暗和恐惧。

融洽的夫妻关系是孩子成长的助力剂

2岁的孩子已经能够察言观色，对父母的情绪比较敏感。反过来，这种感知会进入到孩子的内心，和他一起完成自我成长。在夫妻关系融洽的家庭中成长起来的孩子，心理一般都很健康，对生活的态度比较积极，人际交往也很正常，拥有自己的朋友圈。长大后尤其是在青春期会平稳过渡，到了谈婚论嫁的年龄也会比较成熟地应对。父母的关系在他的认知里起到了正向的作用，使他渐渐理解生命的密码。

有一个已经结婚成家的男孩，每每回忆起自己的童年，都觉得那是他一辈子最黑暗的记忆。他的父亲经常不在家，他总是看见母亲暗自落泪，多少个夜晚，他总是记得母亲在哭泣，而自己就在母亲的怀抱里……母亲的泪滴多少次滴在他的脸上，然后再被轻轻擦去，那时他还不满3岁，怎么也不明白母亲为什么会有那么多眼泪，但他好像能知道母亲的忧伤。

后来，父亲终于回来了，但是他们等来的却是父亲永远地离开这个家庭的结果。父母的离异从表面上看好像并没有对孩子产生太大负面的影响，但是随着孩子年龄的增长，这个男孩的自卑感越来越严重，他不愿同别人过多交往，总觉得这些同学的家庭都很完美，唯独自己那么不幸。这个男生在上高中的时候就早恋了，他特别想早点成为一个有责任心的男人。因为早恋的缘故，这个男孩被学校开除了。后来他染上了毒品，在少年管教所，他终于和父亲见面……他记得他说过的最重要的一句话就是："爸爸，请你再爱我一次！"

这个男孩的回忆始终充满了灰色的感觉。许多年后，当他真正地有了自己的家庭，也做了父亲，他最不能面对的依然还是童年的回忆……为了孩子，他和妻子相约白头到老，不离不弃。

破碎的家庭会给孩子造成无法弥补的伤害

一个年幼的孩子有没有幸福感，的确和父母的婚姻关系有着绝对的联系，和谐美好的夫妻关系让家庭的航船驶向幸福的彼岸；相反，一个支离破碎的家庭会在孩子的生命之初留下永远都无法抹去的阴影。

案例一

米粒2岁的时候，每天晚上都隐约觉得家里有一种不安全感，她经常被父母送到爷爷奶奶家。有一天，妈妈告诉她要出远门，然后在很长一段时间里，米粒再也没有见到妈妈。米粒还不知道，她的父母已经离婚，妈妈为了再婚，主动放弃了她；而她的新妈妈因为不能生育，又成为爸爸坚决不放弃她的重要原因。

米粒倒是很快地接受了新妈妈，可是她的亲妈妈却后悔不已，非常想见到自己的孩子，但是爸爸却希望米粒忘掉妈妈。在有限的见面时间里，妈妈每次都含着眼泪和她说话，米粒觉得妈妈特别可怜。后来，爸爸干脆就不让米粒再见妈妈了，怕她的情绪受到影响。可是，随着米粒的长大，她对妈妈的伤感念念不忘，但是又不明白既然如此为什么妈妈还要离开自己？在米粒幼小的心灵里，阴影变得越来越大。

米粒从此变得很沉默，总是喜欢一个人发呆。3 岁入园的时候，她被确诊为自闭症，不能正常入园。米粒的父母惊呆了，这才坐下来共同面对如此沉重的打击。

婚姻关系的破裂对小孩子的成长多半是不利的。但有的父母离异后即便是再婚，也能比较理性地处理好相互的关系以及和孩子的关系，这样的父母一般都有很好的素养，也知道怎么尽量减轻离异带给孩子的负面影响。

案例二

欢欢和喜喜的父母在他们很小的时候离婚了，当时哥哥（欢欢）4 岁半，妹妹（喜喜）2 岁。父母决定不把这个消息告诉孩子，甚至决定暂时还住在一个屋檐下，一切保持原来的样子。就这样过了一年，喜喜3岁了，妈妈才终于做出决定，带喜喜出国，因为兄妹两人不愿分开，妈妈就和爸爸商量，把两个孩子一起带去。

爸爸为了孩子同意了妈妈的决定，并相约定期去看望孩子。直到哥哥到了上学的年龄才回到爸爸身边。在这个过程里，两个孩子慢慢地知道了父母的分手并不是因为不爱他们，而是因为爸爸妈妈性格不合才做出了这样的决定。由于父母的正确引导，两个孩子的身心都没有受到重创。相反，哥哥后来顺利地升入了小学，兄妹两人每到假期都在一起生活、玩耍，和父母的关系也非常融洽。

夫妻关系重在稳定、融洽、和谐。稳定是基础，家庭由父母、孩子组成，三位一体，倒塌一方，这个家庭就要蒙受损失；融洽是一个家庭的最优面貌，需要夫妻双方求同存异，以忍让和包容提升家庭的融洽度；和谐是一个家庭最理想的状态，也是婚姻的最佳境界。为了孩子，夫妻关系，即婚姻的真谛，需要人们去发现和领悟。有句名言这样说："夫妻的关系不同，爱情的价值也不同。"归根结底，这也是价值观的问题，当我们时刻想到要用什么样的价值观去影响孩子时，也就知道了要去怎么调整婚姻关系。

Tips

这个特例不多见，欢欢和喜喜的父母虽然分手，但是很好地保护了孩子，这需要胸怀、智慧以及适宜的教育方法。

良好的亲子关系犹如绚丽的阳光

　　孩子在家庭里最渴望获得的直接和真实的感受就是爱。在孩子的婴幼儿期，没有任何爱比父母给予孩子的爱更重要，没有任何一种关系比在家庭中建立起来的亲情关系更重要，更没有任何一种互动能替代在家庭中父母与孩子的互动。从这个意义上讲，亲子关系是父母与孩子一生的关系，良好的亲子关系值得一个家庭为之探究和努力。

　　前文已经说过，家庭的援助性与和谐性非常重要，对一个 2 岁的孩子来说，每天的生活都无法离开这种援助，从早晨睁开眼睛后的第一刻起，穿衣、洗漱、吃早饭、做游戏、外出等，他们都需要在家人的陪伴下进行。虽然这个年龄段的孩子已经能独立做很多事情，但是他们还没有独立到完全不需要家人照顾的程度。

　　在这个过程中，陪伴孩子的无论是谁，传递给孩子的信息都是非常重要的。他有没有爱的目光，他的态度是和蔼可亲还是令人生畏，他的照料是全力以赴还是心不在焉，这些都会作为一种很深的印记投射到 2 岁孩子幼小的心灵里。

　　蒙台梭利说过，尽管成人和儿童之间应该相互关爱、和谐地生活在一起，但是他们却常常是不协调的，因为他们没有真正理解对方，于是便破坏了生活的基础。在此所说的生活基础非常重要，它指向非物质层面，体现的是孩子与父母关系的优劣。我们要强调的一点是，要求一个2岁的孩子去理解父母的心态和用意，几乎是不可能的，唯一可能的就是父母尽其所能去理解他们面前的孩子。

建立在理解基础上的亲子关系最重要

我国著名教育家陈鹤琴先生说，儿童是一个小人，但是一般的父母都会把儿童看成是一个雏形的成人——一个"小大人"。于是父母便形成一个惯性思维，即缩短孩子当小孩子的时间，想使他早一点成为一个大人，具有大人的头脑，好做大人的事。于是，孩子的地位便根本性地被抹杀了，孩子的利益就这样被成人忽视了。

法国教育家卢梭认为，儿童在成年以前应该保存儿童的本色，如果想要颠倒这个程序，就会产生一种不自然的果子，没有成熟，没有果味。他一直在强调，儿童自有儿童的思想、见解和感情。

东西方教育家们的警句早就存在了，而如何建立榜样式的亲子关系却始终是每一个家庭和父母们长期必修的功课。因为时代的不同、经历的不同、代代相传的家庭教养的不同，当下家庭的亲子关系也必定是各种各样的形态。通常我们所见的，无非是溺爱型、严厉型、放任型、民主型的家庭形态。除了最后一种，前三种亲子关系无疑存在着巨大的隐患，那么究竟什么样的亲子关系是值得推崇的，尤其是对于有 2 岁孩子的家庭来说？在这个比较重要的年龄段，父母对待孩子的态度和方式，就已经决定了和孩子的关系。

Tips

父母对待孩子的态度和方式，就已经决定了和孩子的关系。

父母要成为孩子最亲密的玩伴

在 2 岁孩子的眼里，家庭就是他的全部世界，他所做的每一个游戏，听到的每一句话，他的喜怒哀乐，几乎都是发生在家庭中。更为重要的是，他需要一个玩伴，而这个玩伴，应该是他最亲密的人。

从表象上看，每个家庭的父母都是孩子最亲密的人，他们陪孩子做游戏，照料孩子的生活，满足孩子的各种需求……但是他们和孩子之间的关系是否真的就像一个单纯的玩伴，带着无比的活力，带着无限的诚意，带着一颗温柔的心，正如绘本《不一样的爸爸》描述的那样：

有的爸爸，会张开手臂热情地拥抱你。有的爸爸，会陪你踩着水坑一起玩游戏。有的爸爸，会在你学会骑车前，跑前跑后地护着你，让你慢慢骑。有的爸爸，会在你伤心的时候逗你笑，帮你擦干眼泪和鼻涕，还会把你高高举起，让你感觉自己就像一架小飞机。有的爸爸，愿意帮你做这世界上的任何一件事。有的爸爸，在水里放了一个大臭屁，然后说，把鱼吓跑的家伙是你。有的爸爸，会用沙子堆出魔法城堡，看起来真神奇，或者一直握着你的小手，给你力量，让你充满勇气。有的爸爸，自己"咕嘟咕嘟"地大口喝汽水，却在你打水嗝儿时，哈哈大笑地指着你……

绘本里描绘的这个爸爸的确很让孩子着迷，也很理想化，是孩子真正意义上的玩伴。然而在现实生活中，这样的玩伴还是很稀缺的，因为父母们即使有了令他们疼爱的下一代，生活的现实还是不能让父母们成为孩子真正意义上的玩伴。正如《童年的秘密》一书中所言，在现代社会，成人面对诸多压力，他们在工作和生活中的状态是很疲惫的，要想使他们完全像一个孩子一样去陪伴另一个孩子，不断满足孩子的需求，并且使自己适应孩子的生活节奏和思维方式，是非常困难的。父母们的现实与年幼孩子的现实形成了矛盾。在生活中，我们经常可以看到，年轻的父母们回到家有时还在"加班"，年幼的孩子就被支到了一旁，有的干脆长时间和电视相伴。

2岁多的海儿家就是这样，父母因工作关系派驻海外，他每隔半年才能见到父母，和父母刚熟了，他们就又飞走了。在海儿眼里，他的爸爸妈妈总是要在电脑前忙很多事情，即便是在假期，他们也不能全程陪伴自己，他只好自己坐在一旁看动画片。有一天，海儿对妈妈说，他想变成一个毛绒玩具，妈妈一听笑了，再问他为什么这么想时，海儿的回答让妈妈流下了眼泪。海儿说，如果他成了一个毛绒玩具，一定会有人每天都抱着他玩，而不是让他一个人看动画片。海儿还说，他们家的毛绒玩具从来都不用看动画片，因为他每天都陪着它玩。

在此，我们不是想要批评海儿的父母，而是要提醒每一个家庭的父母如何看待孩子对父母的依恋和需求，尤其是怎么正确看待2岁孩子的这种心理。

还是在《童年的秘密》这本书里，蒙台梭利向我们揭示了"儿童爱我们胜过一切"的秘密，这种爱是单纯的，也是智慧的。而我们成人总是觉得没有时间面对孩子没完没了的需求，在潜意识里，成人特别想改变孩子，以避免自己成为孩子的奴隶。父母以为，如果能摆脱孩子的纠缠，就可以做自己喜欢的事情了。很多父母并没有从儿童心理学的层面看待孩子对父母的深沉之爱：这既是孩子的本能，又是他们发展的需要。父母看到的往往只是自己对孩子的爱，而把孩子对自己的爱误读为任性。在这样不对等的对爱的理解中，要想让父母变成孩子不折不扣的玩伴，当然是困难重重了。

不管怎样，当我们知道了孩子内心的秘密后，首先努力地成为孩子最亲密的玩伴吧！平等、倾听、信任、自由、管理、轻松、幽默，是建立良好亲子关系的关键词。

平等是亲子关系的基础。2岁的孩子已经有朦胧的自我意识，对父母的指令常常会以自己的方式予以抗拒，如果父母总是居高临下，不但无法获得孩子的尊重，还会很快失去威信。因此，最好的方式就是

Tips

建立良好亲子关系的7大关键词——平等、倾听、信任、自由、管理、轻松、幽默。

与孩子平等相处，用行动，而不是指令。

倾听是亲子关系的纽带。善于倾听的父母一定是耐心的父母，他们懂得尊重孩子，而不是一味批评。2岁的孩子已经能够部分地表达自己，即便是哭闹和发脾气，也是一种正常情绪的表达。

信任是亲子关系的底色。2岁的孩子已经会表达自己的情绪和情感，并希望得到回应。父母对孩子的一个眼神、一句鼓励、一个亲吻，都将对孩子的心理产生重大的影响，使孩子获得信心和勇气。请不要吝啬对孩子的回应。

自由是亲子关系的保护屏。2岁的孩子已经拥有自己的精神世界，在这个独立的世界里，孩子开始由内向外地探索，先是对物，后是对人。给孩子一定自由，让孩子在自己的世界里飞翔遨游，父母只做对原则的把控，这样的亲子关系本身就具有自我保护的能力。

管理是亲子关系的钥匙。2岁的孩子已经部分具备分辨是非的能力，除了给孩子足够的爱与自由，剩下的任务就是及时的管理。告诉孩子对错，教会孩子规矩和规则，这样的管理犹如一把钥匙，随时可以打开孩子不能分辨的、锁闭的那部分认知盲区。

轻松是亲子关系的能量。2岁的孩子已经开始迈向最初的社会化，在这个过程中，家长们不免会开始焦虑。轻松的亲子关系则显得平静而从容，带给孩子心理上的状态更像一条悠然流淌的小溪，自然流畅而不失从容姿态。

幽默是亲子关系的能力。2岁的孩子已经开始形成自己的性格，无论是出于基因，还是后天的发展，性格决定命运的原则对每一个生命都不例外。幽默感的培养如果在亲子关系中得到重视，这样的亲子关系对孩子的人格发展会有积极影响。

让隔代抚养走向和谐

在各种各样的住宅区、大大小小的儿童娱乐场所、幼儿园或者小学的门口，我们都可以看到，照顾、陪伴和接送孩子的多半人都是老人。下边这样的景象在每个人的眼里会屡见不鲜：

某小区里，孩子在推车里睡着了，爷爷或奶奶推着车坐在阳光下；孩子由一双苍老的手牵着，后面跟着另一个老人，手里拎着孩子沉甸甸的三轮车；小孩在前面跑，后面一个或两个老人紧跟着……儿童娱乐场所，年轻的妈妈或爸爸在场地里陪孩子玩耍，场地外面拿着水壶或食物的老人就坐在那儿等着，还会不时地把孩子叫过来喝口水。

隔代抚养，在中国是一个非常普遍的现象。统计数据显示，在大城市，0～6岁的孩子中有一半以上都是由隔代人在代管或抚养；而在农村，隔代抚养的比例已经达到了79%以上。

隔代抚养的现象究其原因有着各方面的因素。从传统观念看，中国人对家庭的重视、父辈传承下来的牺牲精神早已成为中国人家庭文化的一部分，很多退休的老人心甘情愿或者为了帮助下一代减轻压力而牺牲自己的晚年。另外，由于社会的竞争和生活节奏的加快，很多80后、90后的父母承受着各种压力，出于各种现实的考虑，比如收入、职位等，他们不得不把看护孩子的重任交给父辈或他人。

来自云南的一对老夫妇就是这样，他们的孩子毕业后留在北京打拼，并有了下一代。夫妻两人在IT行业崭露头角，尽管收入不错，完全可以请得起保姆照顾孩子，但是他们还是觉得家里人更为贴心可靠，于是就把孩子的爷爷奶奶接来同住。

2岁的咪咪出生以来就被爷爷奶奶照顾着，老人的确很辛苦，除了照顾孩子，还得买菜、做饭、打扫卫生，孩子的父母也觉得长辈照料孩子已经付出很多，就把教育的责任原则性地留给了他们自己，只要求长辈在生活上给予照料。

咪咪的父母的确很忙，有时因为开会或加班，经常在晚上12点以后才回家，咪咪有时会闹着找妈妈，很晚了还不肯睡觉，而且一定要去门外找妈妈，爷爷就只好带着她站在小区的门口等待，没有等来妈妈，咪咪自己先睡着了。有时，爸爸妈妈都去出差了，咪咪想妈妈了，就躺在奶奶的怀里数星星，其实咪咪看不到星星，因为很少有灿烂的星空。于是，妈妈出门前就给咪咪画星星，数一个少一个，离妈妈回来的日子就不远了。

　　像这样的隔代抚养在城市里非常多见：一方面，由于长辈的帮助切实解决了年轻父母的难题；但是另一方面，由于代际引起的教养方式的不一致以及引发的矛盾冲突也真实地存在于很多家庭中，亟待两代人共同面对，妥善解决。

不和谐的音符

　　这是一个四口之家，2岁多的海儿和奶奶、爸爸、妈妈生活在一起，家里还有一个每天都来的钟点工。早晨，海儿的爸爸妈妈一大早就去上班了，到了晚上，海儿才能见到他们。奶奶的主要任务就是陪伴小孙子，为了避免在教育问题上发生分歧，奶奶主动表示海儿的教育由他的父母全权负责，自己只在孩子的生活方面给予关照。

　　即便是这样明智的祖辈，也免不了在某些方面与孩子的父母产生教养上的冲突。海儿的妈妈对婆婆一向是尊重的，但是有一点让她不能接受，那就是在喂养方式上的不一致。海儿奶奶总觉得小孩子吃饭不靠谱，不是弄一身，就是撒一地，还且吃得很慢，于是每顿饭都坚持给海儿喂饭。海儿的妈妈认为这样做对孩子不利，应该让孩子自己吃。最让海儿妈妈无奈的是，海儿的爸爸也觉得这是小事，没必要和老人较真。

这个事例出自隔代抚养中混合教养的家庭中，也就是说，孩子的教育虽然主要由父母负责，但是在很多时候，尤其白天一整天，孩子都和老人在一起，老人不可能一点都不教育孩子。如果祖辈和孩子父母的理念发生冲突，也是非常正常的。海儿家的分歧虽然出现在生活层面，但终究是教养中的矛盾。

在混合教养的家庭中，家庭成员在理念上发生矛盾，矛盾的双方是谁其实并不重要，因为不是说婆媳之间就一定在教育理念上冲突多多；相反，在三代同堂的家庭中，母女之间由于理念的不同，发生矛盾的也很常见。

缪缪妈就常抱怨自己的妈妈总是把 2 岁的孩子放在电视机旁，自己去做家务，孩子看电视的时间根本得不到控制，对孩子的视力有影响不说，对性格的发展也很不利。可是每次和老妈掰扯这件事时，她都说不过老妈，于是，缪缪妈只好在自己在家时严格控制孩子看电视的时间。

隔代教育方面的观念冲突还体现在祖父母与外祖父母对喂养方式、生活管理和行为约束等方面的冲突。

胖胖从小到大由父母双方的长辈轮换照顾，爷爷奶奶生活在外地的农村，姥姥姥爷生活在北京。由于各自环境的不同，长辈们会在某件事情上发生冲突。爷爷奶奶带胖胖出去玩时，对他在地上捡东西玩的行为不予制止，通常胖胖会捡小石头玩，有时也会捡起烟头或别的脏东西在手里玩半天。

这样的事情在姥姥姥爷那儿是不被允许的，他们认为地上的东西非常不干净，细菌随时都会从口而入，导致孩子生病。爷爷奶奶则认为城里人带孩子太娇气，在农村，孩子穿着开裆裤满地爬啥事也没有。

隔代教育中的不和谐在很多家庭都普遍存在着，只是程度不同而已。调查显示，造成隔代教育困境的因素除了社会原因外，有一部分来自隔代家庭本身。比如，由于父母的原则性不强，导致整个家庭溺爱孩子，无条件地满足孩子的一切要求，使得孩子永远走不出"以自我为中心"的思维方式。除了溺爱，还有一类管制型的家庭，多是由长辈主导，用老一套的方法严厉对待孩子，对孩子的严管使得孩子从小在性格上产生扭曲。

隔代教育在现实状态中又分完全隔代、寄养或托管。完全隔代一般是指农村的留守家庭，由于孩子的父母在外地务工，教育的全部责任都由长辈承担；寄养或托管则是指孩子每周的周六日回到父母身边，平时和长辈生活在一起。无论是哪一种情况，出现的隔代教养不一致问题特别值得每一个家庭重视。那么，如何协调好不一致的教养问题呢？**关键原则就是——尊重、理解、帮助**。在一个三代家庭中，父母对长辈的尊重是首要的，即便他们的教育方式和理念可能陈旧落伍，但只就长辈们牺牲自己晚年的清闲来带孩子这一件事情而言，就非常值得尊重。理解父母的教育方式就是理解他们过去的经历，即便他们的教养方式和自己不一致，也不是件万分可怕之事。年轻父母应多沟通，多去看他们理念中值得继承的一面，比如节约的习惯、礼节的培养等。

帮助长辈们学习新的育儿知识，多和他们交流自己的心得，求同存异，使得他们在家庭中获得更多的自主和自信，而不是仅仅扮演家庭保姆、孙子奴仆的角色。曾经有一位爷爷苦笑着说："在我们家，我不是爷爷，我是孙子！"这句话包含着多少心酸、多少无奈！

为了家庭的正向成长，让我们一起努力，使隔代家庭走向和谐美好！

> Tips
>
> 处理隔代抚养出现的教养不一致问题的关键原则：尊重、理解和帮助。

学会爱是一生的财富

双胞胎的故事

随着独生子女政策的终结，将会有一部分父母选择生第二个孩子，而这些父母多为 80 后，很多来自独生子女家庭。他们中有的人已经生育过第二个孩子，也有的人是双胞胎孩子的父母，其中也不乏因为婚姻的变故带着孩子与另外一个家庭进行重组。

无论是哪一种家庭情况，父母面对两个孩子的教育和培养，比起之前的独生子女家庭来说，都增加了许多的责任和难度。他们需要花费更多时间和精力来和孩子相处，并且要经常地引导或疏导两个孩子之间的关系以及可能出现的问题。

同胞之间，都会出现哪些问题？又该如何引导？让我们先来看一个关于双胞胎兄弟的故事，这个故事本意是教育者要给孩子启蒙关于"量的守恒"的问题。但是从故事的侧面，我们看到的是一对双胞胎兄弟的相处状态。

哥哥和弟弟总是喜欢争执，他们会为是谁先从妈妈的肚子里出来而争得不可开交。有一次，妈妈不小心把面粉撒了一地，他们去帮忙，最后为谁帮妈妈收回的面粉多而动手。要和面了，他们也参与其中，弟弟觉得妈妈给哥哥的面粉比自己的多，妈妈只好把他们的面粉揉成两团，让他们自己看看是不是一样多。还有一次，他们用不同形状的杯子喝牛奶，弟弟又是觉得自己的牛奶少，要和哥哥换杯子，哥哥不干，弟弟大哭，最后爸爸拿来两个同样大的量杯，分别把他们的牛奶倒进去，原来是一样多的！

类似的事情在双胞胎的生活中经常发生，但故事的结尾非常值得一提。弟弟到楼下去装沙子，碰到一条样子很凶的狗。弟弟害怕了，哥哥走过来用响亮的声音吓走了那条狗，但是哥哥同时也被狗吓到了。狗已经走了，可是哥哥一直在那儿打哆嗦，弟弟过去拍了一下他，哥哥吓得哇地哭了出来。弟弟忙安慰说："哥哥，别哭了！"兄弟俩互相搭着对方的肩向家里走去。

其实，这也是一个关于爱的故事。这个故事向我们传递了很多信息，作为一母同胞的兄弟，如何互爱、互让、互相帮助。如果他们之间经常发生冲突，一时又无法解决问题，这个时候就需要父母的耐心引导和及时帮助。正如故事里的双胞胎兄弟，他们每一次的纷争最后都是由父母来化解的。我们可以看到，当他们为数量的问题发生争执时，他们的父母没有简单地用命令性语言予以制止，而是用事实平息了孩子之间的矛盾，这其中当然包括父母恰当的行为和语言，而这正是需要父母在实际生活中用心的。

让我们再来看另一种情况，一些面临要生二胎或者已经有两个孩子的家庭，如果父母有失引导，第二个孩子的出生会让第一个孩子产生心理上的不适，从而在情绪上陷入一种困境。有的孩子甚至会非常敌视弟弟或妹妹，他觉得是他们夺走了原本属于自己的爱。

爱真的会被弟弟夺走吗？

小雪上一年级了，弟弟才2岁多，他上了幼儿园没几天老师就把小雪妈妈叫去了，原因是弟弟的脾气很坏，不能和别的小朋友友好相处，还经常动手打人，老师让小雪妈妈带弟弟去咨询心理专家。

小雪妈妈没有带弟弟去看心理医生，因为她很清楚孩子为什么会这样。原因很简单，是小雪对弟弟的态度和自己的失误导致的。在小雪单独成长的那些年里，家里所有的人，包括四位老人都是以小雪为中心的，她得到了家庭成员满满的爱。突然有一天，弟弟出生了，她发现大家以前对她的爱转移到了弟弟身上，大家不再事事以她为中心了，小雪的内心有很深的失落感，于是就开始怨恨这个小弟弟，对他没有好态度，有时还动手打几下弟弟，从弟弟手里抢玩具。

每次出现这样的情况，小雪妈妈对小雪的态度也很急躁，没有耐心地引导她，只是简单地数落她几句，然后又去忙弟弟的事情了。小雪把自己关在房间里，听着外面大家逗小弟弟的声音，总是会流下难过的眼泪。

这个时候，没有人注意到小雪的情绪，因为大人们都觉得是她不让着弟弟。时间久了，小雪积在心里的疙瘩越来越大，便更经常地把坏情绪发泄在弟弟身上。而弟弟呢，总觉得这个姐姐对自己不友好，动辄就对他瞪眼睛还打他。姐姐的坏情绪被弟弟模仿了，于是他便在幼儿园中表现出来。

这个案例对父母是个很大的提醒，如何引导第一个孩子顺畅地接受他的同胞，是一件非常重要的事情，这关系到孩子"学会爱"这门功课。如果他连自己的同胞都不能接受，长大以后如何与人相处？更为重要的是，第二个孩子出生后，身为父母怎么妥善处理两个孩子之间发生的各种矛盾，并且能借此机会引导孩子心里有他人，帮助孩子成为一个胸襟开阔、能忍让、有爱心、愿意帮助弱小者的人，对孩子的一生都会有益。

在情境中引导孩子

身怀二胎的点点妈为了让刚满 3 岁的点点明白以后她的生活里还有小弟弟或小妹妹，就有意识地带着她到小区里和有两个孩子的家庭一起玩，让点点感受两个孩子在一起的乐趣，借此培养点点照顾幼小者的责任心。

有一次，正好是夏天，点点妈正要带点点回家，忽然看见一个推着婴儿车的妈妈正在艰难地上单元门口的几阶台阶，点点妈忙带着点点过去帮忙，一起帮那个妈妈把婴儿车连同婴儿送进了单元门里。点点觉得特别有成就感，而且她还看见婴儿车里的小婴儿冲她笑了，于是特别自豪。还有一次，点点妈带点点和一对双胞胎一起玩，才 1 岁多的双胞胎刚会走路，但是她们在一起特别和睦，从来不抢对方的东西，妹妹摔倒了，姐姐还去抱，因为抱不动，就摔在一起。

点点看着看着就乐了，连说真好玩、真好玩！点点妈因势利导：好玩吧，那你就等着，妈妈给你生一个小弟弟或小妹妹。点点高兴地点头，心里开始期待。后来，点点妈生了一个小妹妹，点点就像喜欢自己的玩具娃娃一样喜欢她。点点和妈妈一起照料小妹妹，给她唱歌、扇扇子、试着给她喂奶，小妹妹看着姐姐的样子，每次都对她微笑，点点妈看在眼里，乐在心里。

让我们拥抱吧

在现实中，还有一种情形，那就是父母如何帮助两个重组家庭中的孩子从不同的家庭、从完全的陌生走向亲近，从而建立亲情。

久儿2岁的时候妈妈因病去世了，过了一段时间，爸爸对久儿说，你希望有一个新妈妈吗？久儿先是点点头，接着又摇头。爸爸又问，那你希望有一个小哥哥每天都和你一起玩吗？久儿高兴地点点头。

终于，一个新的家庭成立了。久儿第一次见到了哥哥水滴时，水滴刚满3岁，是个淘气的小男孩。水滴第一次听妈妈说他要有一个小妹妹时很不开心，他觉得小女孩只会玩布娃娃和过家家，不会玩遥控玩具，他希望有一个小哥哥和他玩。妈妈告诉水滴，久儿是一个特别有趣的小女孩，她会唱很多歌，还会背很多诗，最重要的是，久儿很想有一个小哥哥和她一起玩，如果遇到麻烦，你还可以帮助她，那么你愿意帮助她吗？水滴听完点点头。

在父母的精心安排下，两个孩子的第一次见面别开生面。爸爸带着久儿去水滴家，开门的不是别人，正是水滴。水滴做自我介绍时，久儿突然发现爸爸不见了，有点害怕的久儿哭着要找爸爸，水滴忙叫来妈妈，妈妈宣布说，他们接下来的任务就是找到爸爸。那么爸爸到底去哪儿了呢？这时候，爸爸的声音出现了："快来救我啊，我被小妖怪关在山洞里啦！"水滴一听，忙拿起自己的冲锋枪喊道："小妖怪！我是大力神，你赶快放人，不然我就不客气啦！"久儿在一旁看着，也跟着喊道："爸爸快出来，快出来！"水滴拍了拍久儿的肩膀说："别怕，看我的。"

这时候又响起了爸爸的声音："小水滴，我在这里，妖怪马上要吃我了！"水滴顺着爸爸的声音冲进了储藏间："小妖怪，快放人，不然我开枪啦！"说着，就往黑洞洞的储藏间放了一枪。里面传来奇怪的倒地声音，接着，久儿的爸爸走了出来，久儿高兴地上前搂住爸爸。水滴得意地站在一旁，爸爸对久儿说："你得谢谢水滴，是他救了爸爸，你们两个拥抱一下吧！"

久儿没有拒绝，自然地走上前，和小水滴拥抱在了一起。两个家长看着孩子这样融洽，会心地笑了。

这个案例说明了一种可能性，即便是来自两个不同家庭的孩子，如果他们的第一次见面就打下了很好的基础，他们今后的相处就会变得容易。正如上面的这个例子，两个家长精心策划的场景达到了让两个孩子迅速亲近的目的，为他们以后成为一家人做了很好的铺垫。

重组家庭在生活中一定会有各种矛盾，最为敏感的问题就是当两个孩子发生了矛盾冲突，父母应该怎么去管理，轻重怎么拿捏，又怎么能够既解决了问题又保护了孩子，使他们的情感不会出现裂痕。

有这样一个组合家庭，夫妻二人的孩子都是两个小男孩，年龄都是2岁多，其中一个胆子特别大，淘气十足；一个胆子特别小，像个小女孩。两个孩子在一起，胆子小的经常受欺负，胆子大的更加胆大妄为。他们的父母于是商量好对策，每次两个孩子发生冲突，比如抢玩具或者打人，他们就会立刻把他们分开，然后去教育对方的孩子。这对夫妻这样做的出发点是，从一开始就把对方的孩子当成自己的孩子来教育，不偏不倚，教育方式可以是自己过去的方式，但每次教育完后都要在一起总结一番，交流一下孩子的反应。

有一次，两个孩子因为抢玩具而动了手，哥哥打了弟弟，弟弟也不示弱，把哥哥的玩具扔进马桶冲走了。他们的父母闻声赶来把两个孩子分开，问清事情后就让他们去各自房间的"冷静角"待10分钟。结果不到5分钟，两个孩子就出来了，不约而同地向对方说对不起。

他们坚持这样的方式一年之后，两个孩子的行为举止都发生了很大的变化。胆大的有了规矩和规则的意识，胆小的不再那么像小绵羊，而且两个孩子都非常信任父母，每次有什么事情都会去找自己的"管理员"。

　　以上两个案例如果能够给予重组家庭一点启示，最终受益的就是我们可爱的孩子。让孩子在相对复杂的组合家庭中健康成长，并与新的家庭成员建立融洽的同胞关系，这是重组家庭中的父母最应该重视的。

父母随笔

第3章
让家永存于心

孩子来到世上，并不知道他将会看到什么，而这全在于父母的给予。是父母亲自开启了孩子一生将要看到的世界之初。而对于孩子来说，那将会是惊喜，还是懊恼呢？

为孩子创设游戏的家庭环境

2 岁的孩子有颗什么心？

"晚上，点灯的时候，我的爸爸妈妈在火炉前坐着，他们说话，他们唱歌，可是他们不玩游戏。我，带着一把小长枪，爬呀爬，沿着墙边的阴影，随着森林的踪迹，绕着长沙发椅的周边。夜晚，没有人会看见的时候，我躺在自己的营帐里，照着书里的方法玩，直到上床睡觉的时候。"

这一段孩子的独白，生动地展现出孩子喜欢玩的心理。所有的小孩都喜欢玩，不妨让我们再来回顾一下陈鹤琴先生的总结：小孩子都是好动的，生来如此。从两三个月的各种小动，到五六个月见什么都抓，再到会爬会走以后的各种大动作，体现了小孩子的那颗无比的好奇心。因为好奇，小孩的模仿心理就不难理解了。小孩子还喜欢成群结队地在户外游戏或玩耍。

这些心理对于 2 岁的孩子来说更是如此，父母一定要牢记在心，万万不可忽视孩子的"玩心"。对父母来说，可能有许多的事情要去处理；可是对孩子来说，玩是第一位的，即便是天塌下来了。

另外，无论从皮亚杰的认知动力说出发，还是从弗洛伊德和埃里克森的心理学理论出发，游戏对儿童来说都非常重要。皮亚杰认为，游戏是儿童学习新的复杂的客体和事件的一种方法，是巩固和扩大概念和技能的方法，是思维和行动相结合的方法。从心理学的层面讲，游戏能帮助儿童发展自我力量，是满足的源泉，还能缓和孩子的心理紧张，使孩子获得大量的经验。在游戏的过程中，现象与现实得到结合，身体的放松和精神的自由都得到了满足。

理解和懂得了 2 岁孩子的状态，为他创设游戏的环境并不难。尤其是今天的城市家庭，从孩子落地的那一天起，他的玩具就源源不断地来到家里，说堆积如山也不为过。孩子和玩具之间建立的游戏关系几乎是他生活的全部！

　　有个家庭，在20世纪90年代的时候，父母每个月都会带孩子去买玩具，后来这些玩具都被很好地保存下来，直到孩子上大学了，玩具还在。它们静静地躺在一个大盒子里，无人问津。这些玩具该有多么寂寞啊！直到有一天，这些玩具传到了一个2岁小孩的手里。当尘封的盒子被打开，2岁孩子的眼睛都亮了：各种有趣的小动物、各种好玩的拼图、各种可动手操作的物件，如救火的消防员、会旋转的树、会说话的风扇……2岁的孩子和这些旧玩具相遇后就像发现了一个宝藏。

适于2岁孩子的游戏环境

　　一间不用太大的房间，有明媚的阳光照进，地板上或整理箱里放着一些干净而安全的玩具……当孩子在这里玩耍时，会觉得非常开心、自在。居室内的游戏环境，其实不用很复杂，只要安全而温馨就可以了。2岁的孩子有时会拿着一些简单的玩具游戏半天，比如原木色的木头条；有时他又会对不是玩具的"玩具"感兴趣，比如电器的遥控器。

　　在一个安全而温馨的游戏环境里，父母的陪伴也很重要。父母和孩子一起做游戏，良好的互动可以帮助孩子在与他人交往时充满自信。退一步说，即便父母什么也不做，这样的陪伴也是有意义的。

　　2岁多的优优几乎每天都要和爸爸做游戏，她和爸爸之间的游戏都是他们一起发明的，很多时候是父女俩即兴为之。比如，在爸爸的肚子上翻上翻下，从爸爸用身体变的山洞里爬出爬进……做这些游戏时，优优别提有多开心。爸爸就是她的大玩具，而且是独一无二的。

值得注意的是，由于电子产品的风靡，手机、iPad 早已进入千家万户，成为孩子们玩弄的"玩具"。完全不让孩子碰手机和 iPad 等，其实很难做到，因为只要家长使用了，孩子总有机会触碰，并且会对此产生一定的依赖。

关于到底要不要让两三岁的孩子接触电子产品这一问题：一种声音认为，小孩子在眼睛发育的低龄阶段，坚决不能接触电子产品，手机的辐射和荧光屏都会对眼睛不利；另一种声音认为，可以让孩子接触一下电子产品，其好处是在某种程度上能刺激孩子大脑的发育，但父母一定要做好时间把控，不能让孩子长时间接触。

不论哪一种观点都是以保护孩子为出发点的，接触还是不接触，只能由父母去掌握和拿捏。在现实生活中，由于孩子能频繁地接触到电子产品，他们对手机和 iPad 等驾驭起来轻松自如，有的几乎是一看就会。而如何来管控，就看家长的态度和措施了。

如果家长不想让孩子接触电子产品，首先要以身作则，尽量不要当着孩子的面长时间地看手机或玩游戏，使用完电子产品后要记着把它们放在孩子够不着的地方。如果觉得孩子可以接触一下电子产品，就一定要限制好时间并定规矩，然后让孩子在自己的监督下适当地接触电子类产品。

Tips

关于如何控制孩子玩电子产品这一问题，最重要的是家长以身作则，不当着孩子的面长时间玩电子产品。

为孩子创设劳动的家庭环境

自己的事情自己做

　　教育家们主张，应该给孩子创设劳动的环境，培养孩子劳动的习惯和自理的能力。多大的孩子就能参与家庭劳动或料理自己的事情呢？一般，孩子2岁以后的自理能力不断增强，很多时候，孩子都会有主动的劳动要求，比如要求自己吃饭、穿衣服、系鞋带、倒水等等。面对孩子的要求，有的父母会放手让孩子去尝试，并持即使做不好也没关系的态度；有的父母则喜欢什么事情都替孩子做，因为他们认为这么小的孩子还做不好这些事情；还有一类父母会坚决不让孩子做，因为他们觉得孩子的节奏会严重影响了他们的节奏。比如，8点半就得出门，孩子还在那儿慢悠悠地玩鞋带；上班要迟到了，孩子还在床上坚持要自己扣完纽扣。

　　有意识地培养孩子的自理能力对孩子的成长当然是有好处的。在孩子2岁时，父母可以放手让他们去做自己能做的事情，比如穿衣服、整理自己的玩具和书籍、学会把用过的东西放回原处等。

点点2岁多了，平时和爷爷奶奶在一起，家里还有保姆。所有的事情都是大人做，连喝水都是爷爷或奶奶端着水杯。点点的父母觉得这样长大的孩子，一定没出息。就和父母说定，凡是点点自己能做的事情，一定不要插手。开始的时候，比如奶奶让点点自己穿袜子，点点觉得很新鲜，因为他从来没有自己穿过袜子，于是非常乐意自己穿，虽然最后都是奶奶帮忙穿上，他也显得很兴奋。

但是很快，当他发现自己穿时经常会把袜跟弄反或是找不到袜后跟，就不再有耐心了，于是点点又回到原来的状态中，什么事情都让别人做。点点的父母为了培养他的自理能力，坚持让他自己学会穿袜子。点点不想自己穿就会大哭，但是父母的态度非常坚决——哭也得自己穿！一次不行两次，两次不行三次，最后，点点终于学会了自己穿袜子。原来还是挺容易啊！点点想。从此以后，点点再也不让别人帮他穿袜子了。

这个案例说明，孩子的能力不可低估，做家长的要为孩子创设生活自理的家庭环境和机会。如果什么事情都为孩子包办代替，孩子的依赖性就会产生，即使将来到了完全能自理的年龄也不会很独立。

2岁孩子能帮家庭做些什么？

我们先看下面两个案例。

案例一

2岁半的朵儿要帮爸爸用榨汁机榨水果，爸爸想了想：我们一起来合作吧！爸爸负责削橙皮、切块，朵儿负责把果肉放进机器里。朵儿很高兴，就等着爸爸做完，好进入第二个流程。爸爸在一旁看着，告诉她怎么做，榨的过程中又怎么往里放水。在爸爸的监督和帮助下，朵儿做完了自己的工作。等到橙汁从榨汁机里流出来时，朵儿觉得非常奇妙，也很得意，因为她参与其中了。

案例二

2岁的丁丁要帮妈妈用吸尘器吸地，妈妈就给他戴上口罩，告诉他要领。丁丁照着做了，虽然有点噪音，方向也把握不好，有时还握不住吸尘杆，但丁丁觉得这是很值得的体验。丁丁没有吸干净的地方，妈妈就帮他扫尾。总之，这项家务做下来，丁丁特别有成就感。他知道了劳动的辛苦，体验了劳动之后的成果。

在孩子尚未懂事的年龄，父母们适当让孩子参与一些家务劳动，即便是体验式的，也比大包大揽、什么都不让孩子做更有利于孩子的全面发展。在日常生活中，扫地、整理床铺、浇花、拿碗筷、洗袜子，这些都可以让孩子参与，孩子一定能从中体会到乐趣，哪怕遇到困难，孩子也愿意去尝试。一个 2 岁孩子的父亲对女儿说："等你再长大一岁，我们就把家里的小时工辞了，所有的家务活每个人分工来做。"这样的想法值得推广，因为在劳动的过程中，孩子的动手能力得到提高，对父母的辛苦也有所体验，进而可以知道什么是责任。

为孩子创设艺术的家庭环境

美妙的艺术童年

有一本书叫《艺术的童年》，作者是法国的儿童文学作家艾姿碧塔。作者认为，童年的经历和感受，听故事、唱歌、看晚霞、接触充满美感的物品等，构筑和丰富了她的成长经历，造就了她的作家之路。

艾姿碧塔认为，艺术的童年应该存在于每一个孩子的成长岁月里，应让孩子多去体验生命中的感动，倾听内心的情感与外在事物的交流。从这个意义上讲，家庭如果没有给孩子创造出艺术的环境，孩子对外在事物的敏感度就要弱一些。但是家庭给予孩子的艺术环境并不是刻意的，比如家里一定要挂上世界名画。

家庭的艺术环境指的是多方面的，陈鹤琴先生认为，一般包括音乐的环境、图画的环境、审美的环境。音乐的环境是指家里要有音乐氛围，无论音乐是来自乐器还是来自能放出音乐的设备，这对孩子的性情都是一种熏陶，尤其对要学音乐的孩子而言，这更是必不可少的。图画的环境是指父母不要轻易去干涉孩子正在画的东西，更不要因为孩子有时会随处乱画，就扼杀了他们继续画的权利。审美的环境之所以重要，是因为孩子的审美和情趣皆源自于家庭，而审美和情趣是影响一个人日后生活质量的重要元素，人的幸福感也会与此紧密相连。

当然，一个具有艺术感的家庭环境并不是指要把家庭打造成"艺术博物馆"，而是在生活的点点滴滴中引导孩子发现和感受美好的事物。比如，当你用一只精美的盘子盛上精心烹制的菜肴，这本身就是一件特别有审美意味的事情，菜肴和餐盘协同构成了一件艺术品。经常用美器盛美食，孩子自然也会感受到美。日常生活的美感无处不在，一块漂亮的桌布、一束含苞待放的花、一本精美的画册、一抹灿烂的夕阳。你感受得到，孩子也会感受得到；你是麻木的，孩子也会漫不经心。

如何让2岁的孩子领略日常生活的美感？父母其实不必做太多言语上的解释，直接去做，把美的事物呈现在孩子面前。比如，和孩子一起种一盆郁金香，一起静待花开；和孩子一起读一首诗歌，体味凝练中的韵味。

充满阅读氛围的家庭

给孩子创造阅读的环境，让阅读成为习惯，对于培养孩子的审美能力也是非常重要的。在现代城市家庭，很少有父母不给孩子买儿童图书的，尤其是在今天各种儿童图书应有尽有的大环境中，孩子并不缺少书籍。问题的关键在于，孩子是否能养成爱读书的习惯。

2 岁孩子的阅读基本都是在父母的帮助下完成的，通常一本书都是由父母读给孩子听的。很多父母晚上再困再累，都会先给孩子讲完故事才睡，这样的情况可能会持续到孩子能自己看书以后。孩子对书的喜欢，在这个比较长的陪伴阶段会得到培养。但是，孩子在自己看书以后是否能持续地阅读下去，则在于每个家庭中父母的引导。

能否养成阅读习惯，与父母是有一定关系的。如果父母在闲暇时间经常捧读一本书，那么父母对阅读的兴趣一定会影响到孩子。如果父母一回家就守着电视或电脑，家里没有阅读的环境和氛围，孩子阅读习惯的养成自然也会打折扣。

为孩子创设积极的语言环境

在 2 岁孩子成长的家庭中，还有一种环境非常重要，那就是语言环境。语言环境是指作为父母和看护者在教育孩子的过程中如何有效地使用语言、用什么样的语气、在什么语境里引导孩子。陈鹤琴先生在《家庭教育与父母教育》一书里，针对父母使用语言的技巧，有着非常好的例证。

积极暗示好于消极命令

陈鹤琴先生以自己的孩子为例，分析了在教育孩子时使用不同的语言造成的不同结果。他的儿子有一天拿了一块很脏的破棉絮裹着身体当毯子玩，棉絮太脏了，当然是不能玩的。陈先生当时就想，怎么跟儿子说好呢？立刻夺去，告诉他不能玩这么脏的东西；索性就让他体验一下；叫他丢掉棉絮，用别的东西替代。陈先生采用了最后一种方式。

这是一件看起来很小的事情，但是作为父亲的陈鹤琴先生处理得却是这么用心。他最后采取的方法很好地保护了孩子喜欢听好话、不喜欢听恶言的心理，他认为让孩子受责骂而改过是不容易的，但受鼓励而改过则是容易的。真不愧是教育大家！

如果父母不懂儿童心理，通常的做法会是上前夺了去，再呵斥几句，结果就是孩子哭上一阵，最后再去找别的玩具。这个事例给予父母的启示是，在教育孩子时，要想好站在什么角度、用什么语言和行为来处理问题。从这个事例可以看出，三种方法一定会有三种结果：第一种是简单粗暴的，孩子会心生怨恨，因为如果没有其他东西替代，他就没有玩的机会了，于是他肯定会哭闹；第二种放纵式的方法不利于孩子养成良好的卫生习惯，可能给孩子的身体健康带来危害；第三种方法则既满足了孩子好玩的心理，还能促使他用主动的态度解决问题。

可见，使用什么样的语言教育孩子就意味着父母给孩子的语言环境是什么样的，积极还是消极，会对孩子的心理产生不同的影响。

第 *4* 章
感受家庭的真正魅力

一个家庭有没有魅力，不在于它有多少存款，住什么样的房子，处在什么样的阶层，而是在于它会让孩子受什么样的教育，教会孩子什么样的道理，以及明晓什么对孩子最为重要。

家庭正在丢失什么？

如果给当今中国一二线城市的家庭画一幅像，画像中的父母差不多一半以上都是焦虑的。

焦虑来自何处？

有文章指出，最抓狂和最焦虑的家庭来自城市中产阶级，因为他们的孩子"输不起"。越来越多社会底层家庭中的孩子放弃了中考或高考，直接选择进入技工或职业学校；5% 的上层家庭从幼儿园开始就选择每年学费高达数十万的国际学校，这些家庭的孩子在高中或初中的去向便是出国接受教育。同时，还有一部分家庭为孩子更早地选择了出国。

这种现象的产生有着复杂的原因。首先是经济条件的改善和国际环境的变化。如果退回到30年前的中国，这种大规模的出国潮是不可能出现的。如今国富民强，世界也变得越来越"小"，出国读书不再是遥不可及的梦，人们的选择越来越多元化。其次是社会阶层的分化和激烈的社会竞争导致了这一局面的出现。在这种现象的背后，也真实地折射出中国家庭的焦虑。这种焦虑存在于不同的阶层，虽然程度和表现不同，但它们都是父母心中对孩子未来发展的深刻忧虑。所有的家庭似乎都在焦虑孩子的未来，于是我们看到了一组又一组的群像。

为了不让孩子输在起跑线上

这句使千千万万个家庭走入迷途的广告语，如今仍然大行其道，尽管权威的家庭研究结论一再强调，孩子真正的起跑线是家庭和父母，但还是有很多人意识不到家庭的作用。孩子该上幼儿园了，因怕选错幼儿园而焦虑不堪的家长比比皆是。

有位妈妈自认为很懂儿童教育，和人聊育儿话题的第一句话一定是"3岁之前太重要了！"这位妈妈在给孩子寻找幼儿园的过程中陷入了极大的焦虑。普通的公立园收费低，但是老师"凶"，不行！私立园"高大上"的理念看似很好，但是它真有那么好吗？如果它达不到自己的预期而把孩子耽误了，更不行。这位妈妈连着参观了十多所幼儿园，越看心里越没底，最后依然不知道该把孩子送进哪所幼儿园。

孩子入园以后家长们仍然焦虑，给孩子报各种兴趣班。一个星期下来，孩子除了在幼儿园，其余的时间都在上课外班。有的家庭因为的确拥有雄厚的经济实力，就给孩子选了贵族化的幼儿园或国际学校，但这样的选择依然不能减轻家长的焦虑。有位妈妈说，每次到学校和老师交流孩子情况时，听到的全是对孩子的夸赞，还有就是她不能接受学校没有作业、没有考试的形式。这些都让她非常担忧孩子的学习。还有一种来自国际学校家长的焦虑就是，担心孩子在这样的学校里和"纨绔子弟"学一身坏毛病。

为了让孩子考入好中学

这是又一轮新的博弈。为了让孩子考入好的中学，在国内就读的孩子的家长表面上已经"享受"到了"减负"政策给孩子带来的好处，但实际上，他们又被迫上了另一辆带着重负的"战车"。很少有家长不去认真面对小升初，他们花费大量的时间和金钱陪伴孩子在课外学习奥数、语文和外语，以便使自己的孩子在小学毕业面对竞争时更有优势。就这样，潜在的焦虑早早地深埋在家长心里，一直到孩子顺利完成升

Tips

正是现在的教育现状使我们的家庭功能萎缩，家庭应有的功能在强大的现实面前不知不觉地消逝。

学，家长们才能稍微松一口气。然而，新一轮的竞争又要开始了。

为了让孩子接受更好的高等教育

中国教育在线最新报告显示，伴随着小留学生热潮，国内的国际学校迅速兴起，生源兴旺，许多家长为了让孩子受到更好的高等教育，选择送孩子去读私立的国际学校或者公立学校的国际部，但是这并不意味着所有问题都会迎刃而解，家长们仍然还会陷入焦虑。低龄化留学引发的安全隐患将会长期存在，无法完成学业的学生越来越多，被开除或劝退的学生比例也在增长，而被开除或劝退的最大原因不是学习成绩不达标，而是违纪现象严重。

在这样的情况下，小留学生背后的家长能不焦虑？为了消除低龄孩子出国的隐患，很多父母不得已分居两处。同时，很多家庭更多是由父亲担负起整个家庭在国外生活学习的经济负担，而这对于一个家庭来说，不仅代价巨大，由此引发的另一重焦虑也同样存在着。

家庭到底丢失了什么？

孩子的教育从哪里开始？

　　南怀瑾先生曾对现在的教育做出痛心的总结：现在我们看到这个时代真可怜，很差劲，洒扫、应对、进退统统没有了，非常严重。这不能全怪学校，几乎每个人都要怪自己，因为现在我们搞得不中不西，不古不今。众所周知，南怀瑾先生最后的岁月是在苏州太湖大学堂度过，他说："教育的目的在生活，孩子们来我们这里，先教怎么穿衣服，怎么洗脸，怎么端碗，怎么吃饭。现在的社会，连大人们都没有这些规矩了，鞋子乱丢，东西乱放，自己都成问题，怎么教孩子呢？"

　　曾在日本担任孔子学院院长的张海英教授对此也深有同感。有一次，她在住所附近的餐厅用餐，餐厅里不断传来几个孩子放肆的尖叫声和打闹声，人们纷纷摇头，觉得孩子在公共场合的这种行为太过分，但又都装作没看见，没有任何人上前制止，他们的家长更是觉得孩子是在释放天性。用餐的张教授实在忍无可忍，大声质问是谁家的孩子，有没有家教？孩子的家长们闻声不情愿地把正在疯跑的孩子们叫回了餐桌。

　　我们的家庭教育似乎出了很大的问题，究其实质，是因为在纷杂的现实中，文化传统逐渐丢失，家庭教育走向迷失。文化的概念落实在细微之处，就是一个孩子在幼年时要懂的规矩、明白的道理、树立的善恶观。从具备了这些素养的家庭里走出的孩子，身上带着很深的家庭烙印，而这种烙印，也就是这个家庭的风气。

2 岁孩子应该培养哪些好习惯

　　2 岁孩子的家教投射出的是孩子身后家庭的整体教养，在孩子 2 岁时，就对他进行规范培养一点都不早，毕竟，好习惯都是从小养成的。

> **温馨贴士**
>
> ### 2 岁孩子的 17 个教养好习惯
>
> 　　下面是 2 岁孩子应该培养的教养好习惯，如果你的 2 岁孩子已经有了下面列举的诸多好习惯，说明你的家庭教育是走在前列的。
>
> ◎问别人话时先说请；
>
> ◎收到礼物要说谢谢；
>
> ◎不要打断别人说话，除非真的有急事；
>
> ◎如果真的需要跟某人说话，最好先说一句"打扰了"；
>
> ◎当别人问你好时，记得回应，并问候别人；

温馨贴士

◎在小朋友家做客时要向小朋友的父母表达谢意；

◎进他人房间前先敲门；

◎打电话时先讲明自己是谁，然后再找自己想要找的人；

◎不能说脏话；

◎任何时候都不要嘲笑别人；

◎看演出时要保持安静；

◎撞到别人要说道歉的话；

◎咳嗽或打喷嚏时要遮住嘴，不能在公共场合抠鼻子；

◎看到父母在忙时，主动帮忙；

◎父母请你帮忙时，带着微笑去完成；

◎要对帮你的人说谢谢；

◎正确使用餐具，吃饭时嘴里不发出响声；有长辈在场，不能先动筷子，不要伸手去拿桌上够不着的东西。

这些好习惯的养成在于父母的言传身教，如果父母都没有这样的意识，孩子更可想而知了。

父母随笔

第四部分
走进 2 岁孩子的世界

第 1 章　你的孩子其实不是你的

第 2 章　给予孩子什么

第 3 章　无形的东西更重要

每个孩子的成长都要经历从家庭到社会这个过程，

长大后的他们虽然依然是父母的孩子，

但终究是属于社会的。

未来的他们会顺利地成为社会人吗？

这在很大程度上取决于父母的教养方式。

你的孩子其实不是你的

儿童的社会化是儿童与生俱来的能力，不论父母情愿与否，你的孩子终将以不可阻挡的趋势去发展他的社会化，以便在将来承担一定的社会角色，找到人生的归属。

2 岁孩子的人生世界

孩子的一日生活构成了他全部的人生世界。

当一缕阳光照进 2 岁孩子飞飞的小床时，他的一天就正式开始了。这一天，和很多 2 岁还未入托的孩子一样，他的饮食起居与游戏基本都是在家庭中完成的。当然，飞飞被带去户外或儿童活动中心的时候也很多。通常，当飞飞睁开朦胧的双眼时，他的第一句话总是："妈妈呢？"这时候，随着飞飞的呼唤，妈妈总是第一时间出现在他面前。如果妈妈没有在身边，飞飞醒来后就会没有安全感，有时还会沮丧或者哭闹。

这个场景是亲子关系的重要体现，也是孩子一日生活社会化的一部分，虽然这时候的孩子还在家庭环境中成长，但孩子社会化的前奏已经开始。

接下来，飞飞会在被窝里磨蹭好半天，跟妈妈撒几个娇，直到彻底醒来。飞飞躺在床上举着奶瓶喝奶，然后在妈妈的帮助下穿衣起床。洗漱完毕后，飞飞的一天就在玩耍中开始了。玩具在某种意义上是他无声的玩伴，玩什么完全由他来选择，有时他会沉浸在和玩具的游戏中很久很久。

玩具对 2 岁孩子的安慰作用是我们成人无法想象的，如果没有玩具，孩子的世界可能就是一片荒芜。有趣的是，玩具不会说话，但是孩子和玩具的交流却那么畅通，甚至超出了和人的相处。2 岁的孩子对可以动手操作的玩具都很感兴趣，玩起来可说是无师自通，比如简单的动物拼图、稍复杂的中国地图、充满想象力的立体拼插玩具……这些都是 2 岁孩子非常喜欢的。

除此之外，儿童游乐场所的一切设施，对 2 岁孩子来说，无不充满诱惑。放眼望去，游乐场里没有不会玩的孩子，他们个个生龙活虎！2 岁的孩子对滑梯最热爱，他们喜欢那种从高处滑行下来的刺激感，乐此不疲地反复滑上滑下。荡秋千也是 2 岁的孩子所热衷的，秋千荡得越高，他们的笑声越欢快。2 岁的孩子对不太刺激但有动感的游戏也很喜欢，比如旋转木马、小火车，以及各种可以模拟驾驶的汽车模型。2 岁的小女孩大多会喜欢购物小超市、仿真小厨房。她们推着购物车走一趟，在厨房里折腾一番，似乎是在模仿自己的妈妈，也仿佛是在感受着未来。

除了玩具和游戏，2 岁孩子最渴望的就是亲子陪伴。在孩子的世界里，父母是他们第一亲密的人，父母的陪伴胜过一切。在 2 岁孩子的一日生活里，很多事情都需要父母尤其是妈妈的陪伴。讲故事、做游戏、吃饭、睡午觉……在这些过程中，父母的关爱和照顾实际上已经向孩子展示出人与人之间关系的一部分，况且这是多么亲密无私的一种关系。

孩子的社会化和家庭环境有着密切的关系，在和谐友爱的家庭中成长的孩子，其社会化会比较顺畅。而除了与家庭成员的互动，还有一种非常重要的人际关系已经进入了 2 岁孩子的生活中，那就是同伴关系。

现实中我们不难看到，很多 2 岁的孩子虽然还没有能力建立真正意义上的同伴关系，但是这个过程已经开始了。2 岁的孩子们聚在一起还不会主动地交流并建立关系，2 岁孩子和稍大一点的孩子在一起玩时基本处于被动的、被支配的位置。

有一次，2 岁的小雪和到访的一个小姐姐玩。小雪还不会分享玩具。那个姐姐不能理解，生气地大声说："知道吗，你这样长大以后是没有朋友的！"小雪似懂非懂地听着，也不知如何回应。

在 2 岁孩子的心里，我的就是我的。他们的世界很简单：我，我最亲密的家人，我的东西。这些构成了一个 2 岁孩子最初的世界。以上的状态是指 2 岁还未进幼儿园托班的孩子，如果孩子已进入幼儿园的托班，他们的社会化比起没有入园的孩子会丰富一些，因为幼儿园的一日生活是在群体中度过的，简单的人际关系和交往已在幼儿园里形成。

2 岁的星星在幼儿园里认识了点点，他们在一起吃饭、游戏、睡觉。在老师的教导下，他们虽然有时也抢玩具，但是会很快恢复到友好的状态。他们似乎有非常好的情绪调节能力，就算是哭一阵，伤心的情绪也会很快过去。

一个 2 岁孩子的游戏行为与在 2 岁世界里形成的亲子关系和同伴关系，便是社会化的初始状态，它包含在孩子的一日生活中，构成了 2 岁孩子社会化的全部——自己、物品、他人。自己和物品的关系体现了 2 岁孩子的游戏水平，自己和他人的关系则体现出社会化的本能。

有位妈妈永远都不会忘记她女儿 1 岁时被抱着出去遛弯儿时的一个场景。那天，就在小区的楼下，1 岁的女儿逢人便打招呼，用她自己独有的方式："哎！"当时是早上人们出行的时间，每个人都行色匆匆，女儿一共对八个陌生的行人打了招呼，回应她的只有两个人。这件事让这位妈妈感到，孩子的社会化是与生俱来的能力，即便在很小的孩子身上也能得到体现。

　　这种本能在很多尚未有语言能力的孩子身上都出现过。有个一岁半的孩子坐地铁出行，妈妈抱着他坐在一对老年乘客旁边。这对老夫妇看见可爱的小孩就逗了起来，孩子起初有点拘束，过了一会儿便主动用小手比划起来。只有妈妈能懂这个孩子在说什么。"小鸟是这样飞的，小鱼是这样游的。我一岁半。"当他妈妈把意思翻译给老夫妇听时，老夫妇也被逗乐了。

　　可见，社会化的发展对孩子的成长有着重大意义。儿童社会化是人的社会化过程中的第一步，它使孩子从"以自我为中心"的状态走向真实地与他人和环境互动的世界，成为一个社会人。

　　儿童社会化发展的意义在于，它能促进孩子自我观念的发展，使孩子能逐渐分清自我与非我以及两者的关系，促使孩子养成良好的生活习惯，对自己的行为有所约束，从而发展好自己与家庭、学校和社会的关系。儿童社会化还有助于培养孩子最基本的诸如吃饭、穿衣、语言表达等人类最初的行为方式，并有助于培养孩子良好的道德观，进而帮助孩子最终去完成自己的社会角色。

　　我们的孩子最终要去适应复杂的社会并形成自己的思想，正如纪伯伦的诗歌《你的儿女其实不是你的》所描述的那样："他们是生命对于自身渴望而诞生的孩子。他们借助你来到这世界，却非因你而来。他们在你身旁，却并不属于你。你可以给予他们的是你的爱，却不是你的想法，因为他们有自己的思想……"

孩子，你慢慢来

2 岁孩子的社会化水平在他们的一日生活里已经初见端倪。如果我们仔细观察一下 2 岁孩子的游戏水平、亲子关系和同伴关系，便可以看到，在游戏方面，他们在智力和体力的发展带动下已经达到该年龄段的正常水平。精力充沛，行动敏捷，很少能看到在游戏或户外运动中表现迟钝的 2 岁孩子，除非是那些感统失调的孩子或是特殊儿童。

在亲子关系方面，孩子与看护者依恋关系的健康程度是由依恋关系的类型决定的。在安全型的依恋关系中，亲子关系的和谐度也会很高，父母和孩子的关系是融洽的，充满了温馨。在不安全的依恋关系中，父母和孩子之间的关系则是躁动的、易怒的。在同伴关系方面，2 岁孩子的同伴关系还处于朦胧期，他们之间的关系基本是平行的，还不会相互关注或合作，除非是天生情商很高的孩子。

2 岁孩子的社会化特点因家庭教育方式的不同呈现出差异，儿童社会化的发展始于家庭。被父母接纳的孩子大多数都有稳定的情绪，对事物感兴趣并知道同情弱者，而被父母忽视的孩子则会呈现出相反状态；

受父母支配的孩子会比较被动和顺从，依赖性强，缺乏自信；而让父母服从自己的孩子则会同时具备攻击性和独立性。

2 岁孩子的社会化需求，体现在经过大量社会认知而萌发的对事物的兴趣，以及经过大量社会情感培养后对环境的适应性，这其中包含着未来意义的人际关系和在公共环境中的良好教养。

开启孩子社会化认知的钥匙

让孩子对事物有颗敏锐的心

一个孩子的社会认知完成得越好，社会化的发展就会越顺畅。对于一个才 2 岁的孩子而言，该如何帮助他完成社会认知呢？有一个重要的原则，那就是尽可能培养孩子对外部事物的兴趣和对客观世界的关注。

2 岁的孩子还不具备观察事物的能力，但是他们已经具备感受能力了。太阳是温暖的，妈妈的笑容是亲切的，糖是甜的。这种对事物的感受力加以扩展就会慢慢涉及外部世界，也就是对社会的认知。丰富的认知会帮助孩子萌生对事物的兴趣，比如一个孩子乘坐过高铁之后，就会对会跑的庞然大物发生兴趣，如果孩子能够对此提出问题，家长

Tips

2 岁孩子的社会化目标，包含良好的社会认知，对美的事物感兴趣，不惧怕陌生人和不攻击他人的良好社会情感，在公共场合具有一定的适应性。

给予及时回应，孩子的眼界会逐渐打开。

对事物感兴趣并且具有敏感性，对发展孩子的社会化有什么益处呢？孩子对事物的兴趣会打开他有限的认知，使他目之所及的事物从简单到复杂。从碗里的米粒到空中的飞机无不带有社会性的符号，我们的衣食住行没有一种不是在社会化的生产前提下才能获得的。

而今，我们的孩子被极大丰富的物质包围着，作为父母，不能只扮演丰富物质的提供者，还要用心地告诉孩子这些东西是从哪里来的。正如《朱子家训》中写的那样，"一粥一饭当思来之不易"。因为有朝一日，这些幼小的孩子也会成为社会物质和精神的创造者。

让孩子学会待人接物

2 岁的孩子已经开始感受简单的同伴关系，一个孩子如何对待别人是一件非要重要的事情，关系到他日后的人际交往。下面的事例告诉我们，帮助孩子学会待人接物是很重要的原则问题。

一个刚入园的孩子回家后讲述了一件她和小朋友之间发生的事情。她在教室里挥着一个玩具玩，不小心碰到了小朋友的头。她说了对不起，但是对方不肯原谅她。于是她生气地冲对方尖叫了一声，最后被老师带进了教室的"冷静角"冷处理。当她讲述完这件事后，妈妈对她说："小朋友不原谅你，是小朋友自己的事情。也许她再长大一点就懂得原谅了。但是你不能因为她不原谅你就大喊大叫，你这样会吓着小朋友，也会影响别人。"

从 2 岁开始引导孩子接人待物的良好习惯很关键，因为如果一个孩子 2 岁了，收到礼物还不会说谢谢，撞到别人还不会说对不起，他的家庭教育一定有问题。这样的孩子成人后，难免会是自私和冷漠的。

在引导孩子待人接物方面，很多父母都遇到过这样的情况或是尴尬。带孩子外出参加活动或会客，让孩子和长辈打招呼，没有几个孩子能够做到。有的家长为避免尴尬，就干脆免去了这个礼节。造成这样的问题是因为现在的小家庭多于大家庭，父母即便尊重自己的长辈，也很少被孩子看到和感受到。加之生活节奏的加快，人与人之间关系的疏远，使得小孩子很难在这方面受到好的熏陶；而一些家长们更注重培养孩子的个性，不会把孩子与人打招呼与否当成一个原则问题。

待人接物从根本上反映出一个人对待人和对待事的方式和态度。如果不从幼年时开始重视，这个孩子日后的人际关系该走向何方？没有健康而良好的人际关系，孩子又将如何在社会上立足？

孺子可教，恰逢其时

教小孩要从小教，一切好的东西，如习惯、态度、思维，如果不从幼年时给予孩子熏陶，孩子长大后再教就难了。从这个意义上讲，2岁孩子的父母在引导孩子走向社会化时，一点都不能掉以轻心，而且要从小教起。

一位妈妈为了培养孩子的独立性，就让孩子自幼脱离自己的陪伴单独去小朋友家做客。这位妈妈每次只把孩子送到小朋友家的楼门口，等孩子玩耍结束后再让她自己下楼，在楼门口接她回家。在同龄的孩子中，这个孩子显得独立又勇敢。只要是在安全的前提下，孩子会很快适应，而且会学到很多本领。在这个过程中，孩子增长了见识，有了更强的独立性，人际交往能力大大提升。这个事例向我们说明，孩子是可教的。越是在年幼时学到的东西和受到的熏陶，越能清晰地印入孩子的脑海。

孩子的确像是一张白纸，呈现"孺子可教"的样貌。但是在现实中，有两种情形比较普遍：一种是很多父母认为2岁的孩子什么都不用学，只需要痛快地玩，自由地表达个性和创造力，于是什么都不教给孩子，规矩礼仪一概不谈。另一种是一些家长认为早点开发孩子的智力很重要，因此送孩子进入早教机构学习。其实，这两种情形都对2岁孩子社会化的发展不利，容易使孩子走入自由散漫或过早开发智力的极端。

第 2 章

给予孩子什么

无论西方学者还是东方学者的研究都已表明，儿童的生活经验、社会认知和行为规范，也就是最初的社会化发展，均来自于家庭。这表明，父母的教养方式对孩子日后成为一个什么样的社会人具有深远的影响。

培养小小的"社会人"

有这样一个小故事：

有一对父子，2岁的孩子无故大哭，父亲很淡定，问儿子为什么哭，是不是哪儿不舒服。孩子说就是要哭。父亲说，你要哭我们没意见，可是你在这儿哭会打扰我们说话。爸爸给你找个地方，你一个人好好哭，哭够了再出来。两分钟后，儿子再次出现，并表示不再哭了。这个孩子自从这件事后不再无故哭闹或迁怒于人。

我们举这则案例是想引出教育的方法。从引导孩子的社会认知、社会交往和社会适应性三个层面出发，以下的教育方式也许会对 2 岁孩子的家长有所启发。

帮孩子打开社会化的大门

教育家陈鹤琴主张多带孩子到街上去看看，以丰富孩子的生活经验。他常带自己的小儿子去街上看驴子磨豆、机匠织布、衣庄卖衣、市场卖菜……在看的过程中他总会及时回答孩子不懂的地方，孩子的见识就这样逐渐多了起来。今天的孩子，能去的地方也很多，但是多数都是和玩相关的——充满声光电的游乐场、设施齐备的亲子中心等。有意识地带着孩子走街串巷，让孩子感受人生百态，丰富对社会的认知，需要父母们用心才能做到。多带 2 岁的孩子出去走走，是非常有益的。

有个 2 岁的小孩和父母一起去看海，第一次看见大海的孩子兴奋极了，嘴里发出高兴的叫声。如果不是妈妈牵着，他就真的要去下海了！第一次看见大海的情景他也许很快就会忘记，但是快乐的心情会陪伴孩子继续走进大千世界。

在 2 岁孩子的眼里，一切都是新奇的。一位妈妈用镜头记录了自己的孩子第一次面对某些事物的珍贵瞬间：第一次坐飞机，第一次摸钢琴，第一次玩雪，第一次喂鸽子，第一次看油画，第一次进动物园，第一次玩蜗牛壳，第一次坐火车，第一次拎拉杆箱出门，第一次过万圣节……虽然这个年龄段的孩子还不能完整而清晰地表达他在那些瞬间的感受和心情，但是他对社会的认知已经开始，这个开始便蕴含着无数的可能性，从现在直指未来。

带 2 岁的孩子出门，的确会非常辛苦，但是孩子的眼界会不断被打开。在迪士尼乐园，可以看到成群结队的父母带着年幼的孩子来这里体验，很多孩子的确很小，有的还坐在婴儿车里，他们对眼前的巨大乐园虽然还一无所知，但是他们来到了这里，便开启了他们的社会化之旅。

见多自然识广。经常带孩子出门，会让孩子的好奇心得到很大满足，有了好奇心，孩子自然会萌生求知欲，对社会、对万物的认识便由此打开。一次又一次的出行，便是孩子对大千世界的不断感知，这扇门一旦打开，会让孩子睁大眼睛看世界，增长见识，丰富认知，孩子的快乐也会不断产生。

让孩子的社会认知发自内心

对于 2 岁的孩子来说，玩儿就是最大的事情——玩雪、玩水、玩沙子、玩泥巴，等等。有的家长通过学习知道，2 岁的孩子进入了对物的探索期，有一颗无法阻挡的好奇心。所以只要是在安全的前提下，他们都不会阻止孩子玩这些东西。但是不乏这样的父母：玩雪怕孩子弄脏衣服或受凉，用剪刀怕孩子弄伤皮肤，爬高怕孩子摔下来。

不妨再引用一个陈鹤琴书里的例子：

下雪了，有个小孩见天井里积了雪，索性就倒在积雪很厚的天井里，在雪上印下了人影，不料这样的他被外婆打了一顿。然后这个孩子看见了屋檐前结的冰，于是就敲下来当马鞭玩。多么有趣呀！可是他又被家人痛骂了一顿，家人责备他不读书，吓得孩子连话也不敢说。

这个事例向我们说明，家长因不懂儿童心理，也就不明白孩子的这种体验从某种角度讲，胜过对知识的单纯求索！孩子通过亲身的体验知道了冰雪是什么，把它拿在手里是什么感觉。如果家长能进一步告诉孩子，雪在高温下就会融化，这对于小孩来说，又该有多奇妙！这种活的知识对丰富孩子的经验非常重要。

对现在的家长来说，让孩子撒开欢的玩都容易做到。至于进一步的引导，就要看家长有没有这方面的意识或能力了。如果能在孩子玩的同时也给予他们引导，既能很好地保护了孩子的好奇心，也对孩子的社会认知发展有所助推。这样，受到鼓励的孩子会非常用心地关注他感兴趣的事物。发自内心地去关注事物，会让一个孩子在认知社会时感到愉悦。

鼓励孩子主动认知

有多少家长能够鼓励2岁的孩子自己的事情自己做呢？一定不会太

多。一是因为孩子做事不到位，家长还得再去做一遍，耽误时间；二是因为家长心疼孩子，习惯事事都替孩子做好。其实，有一些事情家长完全可以引导孩子自己做。比如，自己穿衣服，自己叠小被子，洗脸，收拾玩具、整理玩具箱，洗自己的小袜子、小裤衩……这些事情都是孩子可以尝试的。孩子可能做不好，但是没关系，家长可以帮他们做得更好。在做的过程中，孩子也是在完成他们对事物及社会的认知。

如果家长愿意引导，一定会让孩子做事的过程变得有趣，对事物的探索变得更加主动。反之，如果家长事事代劳，首先影响的是孩子运动及动作发展的机会，其次会助长孩子的惰性，使得孩子事事不动脑筋，其社会认知会变得被动。

父母在引导孩子做事时需要注意的两点是，不宜让孩子去做太容易的事情，否则孩子会没有进取心，还会觉得父母小看他；如果事情太难，孩子会产生畏难情绪。

让孩子富有情感地认知

2 岁的孩子能帮父母做简单家务吗？恐怕很多父母都舍不得，也担心孩子做不好。其实，2 岁的孩子尝试擦擦桌、扫扫地、拿拿筷子、送送碗都是可以的。孩子不可能做得很好，但是如果能得到父母的鼓励，他们就会愿意坚持去做。

有个 2 岁的小女孩想洗碗，她第一次有这种愿望时就得到了父母的支持。父母告诉她一些要领，孩子领悟得特别快，洗得有模有样。后来，她不但会洗碗，还学会了刷锅，动作的熟练度一点都不比稍大点的孩子差。2 岁的孩子做点简单的家务，一来能锻炼筋骨，二来能获得经验，三则还能从旁体味父母的辛劳。

前两种收获很直接，最后一种体味则会随着孩子年龄的增长而获得。而这种对父母辛劳的体味，对幼小的孩子来说很有必要，这使得他们逐渐懂得珍惜和感恩。当孩子有意识地模仿父母做家务时，他们也是在塑造着自己未来的生活。

无论是从故事中习得还是在家庭生活中被告知，孩子已经在建立这种独立意识了。有个 2 岁的孩子对父母说，等我长大后你们就老了。妈妈就接着问，那你能帮我们做点什么呢？孩子说，给你们炒菜呀！一问一答中，孩子的社会认知加深了，对父母的感恩之心也蕴含在其中。

培养孩子的公共素养

引导孩子不惧怕社会交往

对于幼小的孩子来说，无论是在家庭中还是在公共场所，都有遇到陌生人的经历。在家庭中，孩子一般会遇到父母的朋友、同学、同事等，孩子对于这些陌生面孔的惧怕和戒备是正常的心理。

有一次，一个 2 岁多的孩子在家里见到了一个戴眼镜的陌生人，当时就哭了。但后来随着孩子见到陌生面孔次数的增多，其恐惧的心理逐渐减弱。因为他看到了父母和陌生人的相处，而陌生人也会极力地向孩子表示友好。善于和孩子玩的成人，很快就会博得孩子的心。

让孩子不惧怕陌生人，无形中也是在帮助孩子在未来的社会交往中具有自信心。引导 2 岁的孩子不惧怕陌生人，一点都不早。因为孩子的恐惧心理既有先天的也有后天的影响因素，有的孩子天生胆小，有的是受到暗示而恐惧。

有个来自农村的保姆，每次在哄孩子睡觉时，就会用本地方言说：

"猫来了，狗来了，吓得妞妞睡觉了。"孩子当时才2岁多，因为每次保姆哄孩子睡觉时，妈妈都在忙别的事情，因而从来没有听到过这句"童谣"。过了很久，孩子牙牙学语了，妈妈才从孩子那里破译了这句话！可想而知，这句话会对孩子产生多大的心理影响。

如何让孩子不惧怕陌生人？最直接的方式就是带孩子社交，孩子见到陌生人的机会越多，害怕的心理就会越弱。次数多了，陌生变成了熟悉，孩子会觉得陌生人原来并没有这么可怕，他们既会带给自己礼物，还会和自己玩。

引导孩子不惧怕陌生人的同时，还要引导孩子不攻击自以为对自己有威胁的陌生人。对于2岁的孩子来说，他们还处在用身体语言解决问题的阶段，他们会因为护东西或抢玩具而动手。即便如此，父母也要告诉孩子不能动手打人。如果父母对孩子的这种小小暴力举动不予制止，只给予理解，就在无形中助长孩子用打人的方式解决问题的心理。一旦有了这种心理，就会如陈鹤琴先生所言："小则受人之辱，大则伤其之身。"

培养孩子尊老爱幼的意识

很多家庭都是以孩子为中心的。这样的现象之所以产生，一是由于父母缺乏意识；二是长辈们甘愿如此。比如，孩子一旦入睡，长辈们就得像猫一样，蹑手蹑脚，怕扰了孩子的觉；好吃好喝的先紧着给孩子，怕亏待了下一代。

在现代社会中，小家庭已经代替了以前的大家庭，而传统的大家庭是非常讲究长幼有序的，有很多的规则和规矩体现在晚辈和长辈的关系中。比如，晚辈回家后要对长辈说："我回来了！"在聆听长辈说完话时，要说"是"，等等。过去由于生活在一起，父母对长辈的言谈举止，孩子会耳濡目染。而今，三口或四口之家的小家庭占了多数，父母和上一辈人之间的关系因居住的分离而变得松散。孩子出生后看见的是所有的人围着自己转，为自己的吃喝拉撒付出了相当多的时间和精力；而很少看见自己的父母围着长辈转，对长辈恭敬有礼。

时代的变迁造成了传统文化中很多规则、规矩、礼仪的流失，父母们不在意了，长辈们也没要求了，从这样的家庭中走出去的孩子能不以自我为中心吗？

2 岁的端端和妈妈、奶奶一起坐地铁。有人给她们让出了两个座，这时候，妈妈让奶奶先坐，然后自己抱着孩子坐。但是端端坚决不让奶奶坐，而是要和妈妈一人坐一个座。因为在她的意识里，妈妈是经常陪伴她的人，她从未离开过妈妈。但是奶奶说："不行，我得坐，这是原则。"端端当然听不懂什么是原则，但是奶奶用正确的举动告诉了她。

回家后，妈妈第一次把尊老爱幼这个词告诉了 2 岁的女儿，让她明白什么是尊老爱幼以及为什么要尊老爱幼。女儿似懂非懂地表示，以后也要给老人让座。后来端端乘车时有座也不坐了，她的理由是人要懂得尊老爱幼。

这个例子说明在父母的榜样作用下，孩子是可塑的。在人际交往中，孩子总会遇到长者，如何引导孩子尊敬家庭中的长辈，又如何礼遇碰到的长者，对父母来说是个挑战。父母首先要以身作则，在家庭中以长辈为先为大，时时尊敬长辈，从而让孩子耳濡目染。

培养孩子在公共场合的规矩和礼仪

即便 2 岁的孩子，也有很多机会被父母带去公共场合，如聚会、到别人家去做客、出门旅行……小孩该守的规矩和要行的礼仪，父母一定要在平时或出门前讲给他们听。比如，在公共场合不能大声喧哗，不能无理取闹；到别人家去做客要有礼貌，进门要向主人问好，受到别人照顾要说谢谢；在餐桌上吃饭时，嘴里不能发出声响，不能随便挑食……

说到餐桌礼仪，很多父母都会有挫败感，因为很多孩子是不守规矩的。这表现在他们不能专注地吃饭，总是吃一会儿玩一会儿，吃饭时把手上的油腻到处乱抹……有一种很好的建议，孩子在没有学会用筷子吃饭前，最好不要与大人同桌用餐，应该给孩子提前吃饭。这个建议值得 2 岁孩子的父母采纳。

等孩子长大一点，就可以严格地培养孩子的餐桌礼仪了。比如在大家庭中，如果长辈不上桌就不能动筷子的规矩，如果提前吃完了要对长辈打招呼再离开餐桌的礼仪。当然，所有的好习惯、好的言行举止离不开父母的言传身教。所以如果你想让孩子有教养，首先得自己有教养，只有这样，身为父母的你才能担当起这方面的责任。试想作为父母，如果你经常随地吐痰、乱扔垃圾，怎么能让自己的孩子学好规矩和礼仪呢？

培养孩子积极乐观的健康心态

未来要步入社会的孩子，首先应该是一个健康的孩子。而真正的健康包括生理和心理的健康，关于心理的健康应如何培养，让我们回顾一下著名教育家陈鹤琴先生的一些经典思想。

要教他们吸收一切有益的印象，发展合理的思想和思考的能力，摒除一切不好的印象，避免差误的思想和无谓的恐惧。所以在积极方面，要利用他们的好奇心，引导他们去研究他们的环境，教导他们自己去探索各种事物的原理，借此获得正常的经验，组织准确的想象。

Tips

孩子爱欢迎的几种标志：

◎ 衣帽整洁，落落大方；

◎ 笑容满面；

◎ 不做作；

◎ 说话有礼貌；

◎ 懂得谦让与照顾他人；

◎ 天真烂漫；

◎ 没有自卑心理。

上述思想显然对儿童健康心理的培养极为有益。而对于 2 岁的孩子来说，具体可操作的方法就是多带孩子接触美的事物，让他们幼小的心灵生出对美好事物的热爱之情，并让他们用这些美好的感情滋养自己。随着年龄的增长，视野的扩大，见识的丰富，加之先前的滋养，孩子就会逐渐发展出对事物的看法，形成自己的态度和思想，对社会的适应能力也就体现出来了。

积极乐观，遇事淡定，宠辱不惊，孩子的适应能力就一定很强。要想使孩子成为这样的人，只有从婴幼儿时期培养，使其具有良好的心理素质。这样，长大后的他们才能从容地面对变化万千的社会，以不变应万变。

年轻的父母们，不要过度保护自己的孩子，担心他们风吹日晒，害怕他们吃苦受累。他们的明天应由他们去应对，而作为父母，在他们生命之初，能帮助他们的就是积极引导教育，让他们的内心变得强大。

第 *3* 章

无形的东西更重要

任何社会都有帮助孩子成长的社会资源，对于2岁孩子的父母来说，要清楚帮助孩子选择什么，怎么去选择。很多父母容易随波逐流，根本的原因在于，父母们觉得可见的东西比不可见的东西更重要。

不要让物质和媒介包围孩子

在物质极大丰富的今天，孩子一出生，看见的便是一个什么都应有尽有的世界。物质的丰富给年轻的父母们带来了极大的便利，只要能够想到的，都有可能成为孩子成长的"物质环境"中的一部分。在这个环境里，孩子的需求得到了很大满足，有的孩子很小就知道了网购的概念，甚至可以做到轻松地按一下键，就能得到想要的东西。

但从另一方面讲，丰富的物质环境同时也给父母们带来一些困惑。一位年轻的妈妈在有了孩子后感到极度的不安，她在育儿日记中这样写道：

我的孩子还不到 3 岁，可是我常常觉得有一种强大的力量在和我争夺孩子。为孩子设计的商品林林总总，每次带孩子逛街，都会遇到被迫购物的麻烦，原因是孩子对程控的电子玩具达到了痴迷的状态，什么最新要什么，什么时尚追什么。最初觉得应该满足孩子的好奇心，开发其智力，尤其又是男孩。但是后来越发觉得孩子只会跟玩具相处了，再加上手机、电脑等电子产品的存在，我真担心孩子成了机器控，被现在的媒介包围甚至"绑架"。

另外一点，现在为孩子服务的各种机构层出不穷，家长们在一起聊的内容都是孩子去了哪儿，要准备上什么课，好像暗中都在比能耐，看谁的孩子厉害。其实我特别希望孩子回到自然成长的状态，现在真的太不自然了。父母对孩子的培养在潮流的驱使下变得特别具体而现实，每一步都要看到实际的效应，对可见东西的追求远远胜过了无形的东西。

从这位妈妈的困惑中不难解读出，在孩子社会化成长的过程中，我们面对的真实问题：单纯的环境已经不存在，自然生长的环境与往日更不能同日而语。在这种状况下，唯一的办法就是父母们保持足够的清醒。

从社会已有的资源看，提供给孩子使其发展社会化的场所越来越丰富，比如各种博物馆、科技馆、艺术馆、儿童活动中心、大型游乐场、不同主题的公园，等等。而对于只有 2 岁的孩子来说，由于他的认知是以视觉和触觉为主导，而且不能太复杂，所以在 2 岁孩子的认知之初，最理想的户外去处应该是大自然。大自然中有丰富的东西让孩子去感受，无论是一片落叶，还是一滴水珠，都会让孩子驻足观望、兴奋不已……

小女孩南南 3 岁以前去的最多的地方就是离家比较近的一处森林公园，她每次去公园都会非常开心，东走走，西看看，在草地上高兴地踢球。玩累了就对妈妈说，我们吃点东西吧，然后就在游戏垫上悠然地坐下来，享受食物和阳光。

有一天，夕阳西下，金黄色的落叶一片又一片。南南就在树下捡树叶，一直等到爸爸来。爸爸终于出现了！南南跑过去，把捡的树叶塞到爸爸口袋里，说这是礼物。后来南南入园了，幼儿园每个月都要举行一次远足，所有的小朋友都参加，也包括年龄最小的托班的孩子。

她印象最深的一次是去参观农业嘉年华，虽然是在室内，但是她第一次看到了彩色的蚕宝宝！那么多的蚕宝宝在大竹框里吃桑叶，她看呀看呀，总是看不够，回家后就和妈妈一起画了一幅彩色的《蚕宝宝》。还有一次去远足，他们去了一个有稻田的公园。她第一次看见绿油油的稻田，就用小手去触摸它们。稻田旁边还有古老的石磨，班里的小朋友们纷纷停下脚步，去推那盘石磨。这样的体验对孩子来说真的很难得！

在大自然中的所获，对 2 岁孩子的认知发展非常重要，大自然中的一切都以它真实自然的状态向一个 2 岁的孩子展示着它的生命力！即便是深秋的落叶，也会显示出它的顽强以及与土地的关系。2 岁的孩子虽然还想不到很多东西，但是她的喜欢就足以说明问题：大自然给了孩子认识万物的开端！阳光、落叶、远足、推磨，不同于任何物质的刺激，对一个 2 岁的孩子来说，却是一个非常美好的开始，比起任何有实用价值的开始都要有意义。你的孩子才不过 2 岁，你在考虑用什么样的社会资源来帮助他时，当然不能只看到物质和一切与功利有关的东西。

除了大自然，野生动物园也对 2 岁的孩子具有非常大的吸引力！动物和大自然一样，会给孩子们留下很深、很强烈的印象，让孩子可以近距离感受另一种生命的存在！不同生命的存在对孩子日后的世界观会起到潜移默化的作用。

借助社会已有的资源帮助孩子成长应该是为人父母的常态。除此之外，还有一种影响非常重要，其实从孩子落地的那一刻起，它就在影响孩子了，那就是我们身处的文化或者说文化自信。

无论身处在什么社会，人的归属感很重要，有归属感的人首先是幸福的人。一个人的归属感和他身后的文化密切相关，在什么样的文化

里浸润，就有什么样的文化认知。这种感觉，在父母的帮助下，即使 2
岁的孩子，也能受到感染。

不要让孩子从小无所适从

"小孩儿、小孩儿，你别馋，过了腊八就是年，腊八粥，喝几
天，哩哩啦啦二十三。二十三糖瓜粘，二十四扫房子，二十五冻豆腐，
二十六去买肉，二十七宰公鸡，二十八把面发，二十九蒸馒头，三十
晚上熬一宿，初一初二满街走。"

春节前夕，一个小女孩在幼儿园学会了这首歌谣，她饶有兴趣地
边走边念，还不时问父母今天该干什么了：是蒸馒头还是宰公鸡？遗
憾的是，这样的歌谣虽然还存在，但是这样的氛围和真正意义上的春
节却离我们越来越远。没有几个孩子知道为什么要过年，春节到底有怎
样的故事。春节的习俗有多少，即便是年轻的父母也未必能说得清楚，
更何况是要说给一个 2 岁的孩子听。

相反，西方的节日却被我们津津乐道，很多小孩虽然不知道什么
是圣诞节、万圣节，却非常乐于得到圣诞礼物，非常投入地去"讨
糖"。这些现象的背后反映出的当然是本土文化被冲击以及文化自信的

丧失，它对于成年人的影响已经足够大。那么，在这样的氛围中，我们该如何引导孩子？

在 3 ～ 6 岁儿童的社会领域教育目标中，从社会适应这个角度讲，需要儿童具有初步的归属感，这个归属感应该从文化中去感受和寻找。对于 2 岁的孩子来说，文化虽然是一个很难理解的抽象词汇，但是它已经存于他们每天生活的细节中，他们吃的食物、使用的餐具、穿戴的服饰、使用的语言，无不在表达着文化。

在这样的氛围里，应该让小孩子知道些什么呢？他们了解到的和他们未来的生活会有什么关系？这些了解有什么深远的意义？单纯的解说对一个孩子来说是非常生硬的，最有效的做法就是在一些节日中以体验的方式有意识地强化它们的意义。比如，端午节和孩子一起包粽子，中秋节的时候和孩子一起做月饼，冬至的时候和孩子一起包饺子……这样的方式在孩子成长的漫长岁月里会像春雨润无声一样浸润着孩子的心灵，使他们获得一份安详的自信，也会使他们更为自在，获得一种绵长的幸福感。

除了节庆，对语言的运用和学习也在帮助孩子走近自己国家的文化。虽然对一个 2 岁的孩子来说，这两者的关系太过深奥，但是孩子最终可以借助语言文字逐渐达到深入了解文化的目的。从这个意义上讲，孩子对文化的体验从他们一出生就开始了。父母如何帮助他们解读，使之完成未来意义上的认知，就在于生活的点滴中。

　　这一天，是小女孩甜甜 2 岁的生日，她收到了一份父母送她的礼物——甲骨文游戏字卡。甜甜打开盒子里装帧素雅的一个绘本手卷。哇，这里面有很多字！她虽然不认识，但是里面还有很多好看的画，爸爸说这就是很久很久以前的字。

　　晚上入睡前，妈妈给她讲起了绘本手卷里的故事《过河》。"从前有座山，山下有条河，河上有座木头桥。有一天，下起了大雨……"甜甜静静地听着，不一会儿，便进入了梦乡……

　　从节庆和母语中获得社会文化的认知，孩子需要长时间积累。一开始，家长的引导非常重要，家长需要让孩子一点一点地去体验和感知本土文化的魅力。这个过程会培养出孩子对生活的热爱，而一个热爱生活的孩子，随着年龄的增长，才有可能去发觉事物的意义。

　　让我们尽可能地去帮助孩子，让他们在生命之初获得对生活美好的印记，让这些美好的印记和瞬间带领孩子自然而然地完成对所处社会文化的认知，这是一个漫长的过程，更是一个有意义的开始。

父母随笔

附　录

2～3 岁孩子各领域发展及成人指导简表

　　这份简表展示了 2～3 岁的孩子在各领域的发展概要。请谨记，不同儿童的发展速度存在很大差异。这些发展情况以及成人指导也许并不适合个体儿童和家长，但作为整体，这份简表反映了某一年龄段孩子发展的顺序。

年龄水平	发展的领域	成人指导
2 岁 至 3 岁	**生理** • 能控制走和跑的节奏，熟练地爬，能朝向目标扔球 • 原地跳 • 能单脚保持平衡 1～2 秒 • 会骑三轮车	• 赋予选择权 • 将大肌肉运动的设备移到户外，这些设备在室内有更多限制性 • 注意不要只是鼓励男孩参与大肌肉运动，女孩也需要同等的鼓励，当女孩不愿意参与时应给予她们更多鼓励 • 提供更多的选择

（续）

年龄水平	发展的领域	成人指导
2 岁 至 3 岁	**生理** ● 会穿鞋，但不能系鞋带 ● 会穿衣，但不能系扣子 ● 能自己熟练地吃饭 ● 能更好地控制涂鸦 ● 能画或描一个圆 ● 能用画笔并控制颜料 ● 能富有想象力地玩建筑玩具 ● 练习控制大小便 **情绪 / 社会性** ● 会留意某些人或物 ● 玩的时候兴趣更持久 ● 与其他孩子一起玩和互动 ● 愿意使用马桶 ● 能短时间内服从群体	● 鼓励孩子以创新的方式使用玩具材料 ● 想办法让孩子能够全身心投入到使用小肌肉的操作活动中 ● 让孩子远离玩具的小零件，防止他们误吞 ● 鼓励男孩和女孩参加精细运动的活动，如果男孩不感兴趣，选择合适的材料吸引他们 ● 鼓励孩子参加分享和合作性的游戏 ● 帮助孩子参加或全身心投入到游戏活动中 ● 期待孩子参加一些时间较短的集体活动，如圆圈游戏 ● 鼓励孩子间的互动

（续）

年龄水平	发展的领域	成人指导
2 岁 至 3 岁	**智力** ● 能数到 2 或 3 ● 会画脸和非常简单的图形 ● 能完成简单的拼图 ● 能解决更复杂的问题 ● 称自己为"我"，称他人为"你" ● 能区分男孩和女孩 ● 知道人体的大多数部位 ● 能够比较大小	● 提供更多的选择 ● 在解决问题时，鼓励孩子同伴间的互动 ● 鼓励孩子专注并全身心地对待活动、人和物 ● 鼓励孩子求知的态度 ● 鼓励孩子创造性思维 ● 鼓励孩子思考过去的经验以及未来 ● 在自然环境中促进孩子数概念的发展
	语言 ● 能用短句来对话、回答问题和传达信息，能用语言来表达简单的观点 ● 能给图画命名，并给动作贴标签	● 在自然环境中，鼓励孩子比较物品的大小、重量等特性 ● 读书、讲故事、唱歌 ● 在所有的经验中运用语言 ● 鼓励孩子提问

（续）

年龄水平	发展的领域	成人指导
2 岁 至 3 岁	**语言** ● 词汇量达到 900 个 ● 口齿相对清楚	● 鼓励对话 ● 鼓励推测 ● 鼓励通过言语解决冲突 ● 鼓励通过语言表达感受 ● 帮助孩子学会倾听 ● 玩言语游戏

注：本表改编自《婴幼儿及其照料者》，［美］珍妮特·冈萨雷斯－米纳等著，张和颐等译，商务印书馆，2016 年。

后 记

　　历经两年的研发和改进,《N 岁孩子　N 岁父母》这套"家庭·家教·家风"教育丛书的第一辑(0～6 岁分册),终于在课题组和研究团队的共同努力下完成了,无尽的激动、喜悦、期待与感激萦绕在每一位参与者的心头。

　　"这套书就像我们的孩子一样!"这是团队成员在研发和编写的过程中最常吐露的心里话。之所以会有这样的感触,源于团队成员始终坚持并期待的研发目标——回归。

　　回归科学的发展规律。儿童的发展就像一颗种子,自孕育开始,就有着自身既定的成长轨道和方向,不会因为一味地给予、爱与自由而变得简单,也不会因为各种实验、测试、考察而变得复杂。我们只崇尚最客观、最关键的发展规律和特点,看到儿童发展的核心本质与真实状态,尊重每一个独特而美好的生命。

　　回归家庭的教育功能。家庭是生命之初的整个世界,它不会因为贫穷、简陋而变得冰冷难耐，也不会因为富有、奢华而发出万丈光辉。我们只坚持让孩子能够在稳定、积极、和睦的环境中成长，只要求父母的尊重、关怀、包容、引导，并以身作则，而无关金钱的投入、机构的熏陶。

回归日常的点滴生活。一只小虫足以让孩子兴奋一整天，一个故事足以让孩子畅游一段童年，孩子的一颦一笑、一举一动都是生活百态的滋养。我们只期待孩子能够在自然、有趣的游戏和陪伴中度过每一天，在生活中发现、探索、收获、成长，也期待家长朋友们能够从孩子的点滴变化中收获为人父母的惊喜与感动。

回归文化的自信与包容。活泼好动地到处探索或安静内敛地阅读绘画，对孩子来说，这都是他们独一无二的性格特征。同样，在万圣节身着奇装异服要糖果，或在新年张灯结彩地迎新春，对孩子来说，这些都是他们从未见过的节日景象。我们只希望在本土家庭中成长的孩子，既有着东方传统气韵的自信，又有着包容万象文化的胸怀。

希望这套丛书不仅可以成为家长们的育儿手册，还可以成为家长们的自我成长手册；不仅可以成为儿童教育养育的参考指南，还可以成为家庭教育本土化的探索与积累。

这套丛书是团队集体智慧的结晶。感谢中国教育科学研究院王晓燕助理研究员、著名编导田禾老师、西北师范大学的瞿婷婷博士、资深编辑李丹丹老师和家庭教育热心关注者李莉老师的倾心参与；感谢海淀区社区教育专家组成员、原北京市清河小学和中学校长、高级教师沈亚清老师对开发工作的细心指导；感谢北京城市学院蔡永芳博士、日本御茶水女子大学儿童学专业博士卢中洁提供的资料支持；感谢北京市燕山地区高级教师左玉霞、燕山地区幼儿园、北京师范大学幼儿园、空军装备研究院蓝天幼儿园对问卷、访谈等工作的高度支持；感谢参与调研的数百名家长朋友们的真实讲述；感谢课题组史篇、邹文馥、王颖、金菁等成员对材料、资源的搜集与整合；感谢现代教育出版社陈琦社长、李静主任、赵延芹编辑；感谢写作前期参与调研的 600 名家长和 100 名幼儿园老师。感谢为这套丛书的出版出谋划策的每一个人！

特别感谢甘肃忠恒集团的董事长房忠先生，给丛书的开发提供全面的支持，还要感谢北京师范大学文化创新与传播研究院的各位同仁，给了我默默的支持和帮助。

尤其幸运的是本丛书得到了北京师范大学家庭教育开创人赵忠心教授的推荐作序，还有北京师范大学著名儿童教育专家钱志亮老师对本书价值的大力肯定与隆重推荐。

最后感谢《N 岁孩子　N 岁父母》这套书的每一位阅读者！希望大家提出宝贵意见，我们会在适当的时候对丛书的内容进行修改，并相继推出第二辑（7 ～ 12 岁）、第三辑（13 ～ 18 岁）的指导手册。

　　希望家庭教育能够得到更多人的关注与支持，祝愿每个孩子都能健康、快乐地成长，每个家庭都能变得更加和睦、温馨！

尚立富

2017 年 3 月 15 日